初中物理公开课探析

秦欢珍 著

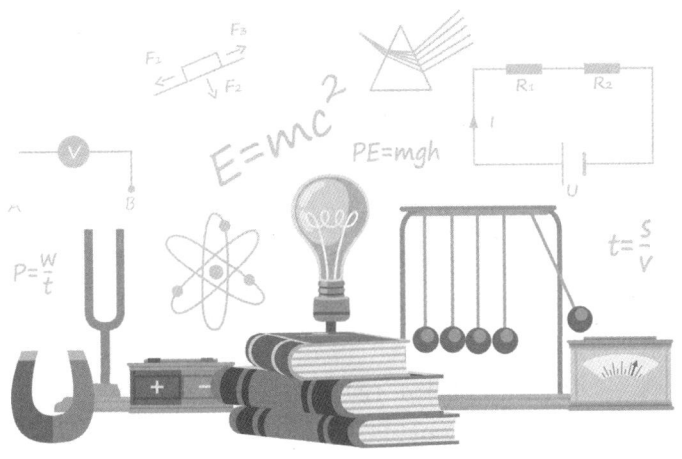

上海科技教育出版社

图书在版编目(CIP)数据

源与流：初中物理公开课探析 / 秦欢珍著. —上海：上海科技教育出版社, 2024.5
ISBN 978-7-5428-8141-0

Ⅰ.①源… Ⅱ.①秦… Ⅲ.①中学物理课—课堂教学—教学研究—初中 Ⅳ.①G633.72

中国国家版本馆CIP数据核字(2024)第091458号

责任编辑　焦婧茹
封面设计　李梦雪

源与流——初中物理公开课探析
秦欢珍　著

出版发行	上海科技教育出版社有限公司
	(上海市闵行区号景路159弄A座8楼　邮政编码201101)
网　　址	www.sste.com　　www.ewen.co
经　　销	各地新华书店
印　　刷	上海华顿书刊印刷有限公司
开　　本	787×1092　1/16
印　　张	9.5
版　　次	2024年5月第1版
印　　次	2024年5月第1次印刷
书　　号	ISBN 978-7-5428-8141-0/G·4838
定　　价	48.00元

序言

当我拿到秦欢珍老师的这本书的初稿时,我就被它的标题所吸引。在当前信息泛滥的时代背景下,许多教育工作者仍在探索诸如"大概念""单元""高阶思维"等新兴术语,而这本书将研究焦点回归到教师们熟悉的课堂教学中,就像一股清泉,激起了教学改革的波澜。《源与流——初中物理公开课探析》一书正是对这股清泉的源头探索和流向指引,记录了一位从一线教师成长起来的物理教研员的心路历程,以及她如何通过公开课的研究与实践推动了一批青年教师的成长。

全书共四章。第一章"核心素养基本内涵"揭示了核心素养这一教育理念的深层含义。秦欢珍老师以自己的教学实践为依托,阐述了核心素养不仅包括学科知识的掌握,更重要的是学生思维能力、创新能力和实践能力的培养。在物理课程中,培养这种核心素养尤为关键,它关系到学生能否将物理知识应用于实际生活以及能否在探索自然界的奥秘中不断前行。第二章"公开课实践价值"是秦老师对自己教学实践的深入反思。学科教学研究的重要性不言而喻,它是提升教学质量的基石。而教研团队的建设是激发教师专业成长的催化剂。在这一章节中,秦老师分享了自己在团队建设中的心得体会,以及如何通过团队合作提升课堂教学的效果。同时,教师的专业成长也是教育质量提升的关键,秦老师通过具体案例展示了如何在公开课的平台上实现教师的成长和课堂教学的改进。第三章"公开课教学设计"是这本书的精华所在。秦老师不仅提供了理论指导,还给出了具体的设计示例。这些示例涵盖了不同层次的学习目标,不仅有助于学生掌握物理知识,而且能够激发他们的探究兴趣。通过这样的教学设计,学生能够在真实的学习情境中体验科学探究的过程,从而培养解决问题的能力。第四章"公开课实践推进"则展示了秦老师如何将理论转化为实践,以及在实践中的不断探索和创新。物理公开课的设计不仅要考虑教学内容的逻辑性,还要注重学生的参与度和互动性。有效的物理公开课需要教师不断实践、反思和调整。区域物理公开课实践的案例进一步展现了在不同地区、不同学校条件下如何因地制宜地开展物理公开课,实现教学资源的共享和优化。

本书也深刻地揭示了"源"与"流"的关系。在教育领域中,"源"代表教育的本质和初心,即培养具备核心素养的学生,而"流"则代表教育的形式和路径,即通过各种教学活动和实践来实现这一目标。公开课作为一种"流"的教学形式,其背后的目的和动力即"源",始终为了促进学生的全面发展和终身学习。

本书通过真实、具体的案例分析,让我们看到了作为"流"的公开课如何有效地引导和激励学生追溯到"源"——探索物理学的本质和美丽。这种对"源"的不懈追求，正是教育最宝贵的财富。因此，这本书不仅是对物理教学方法的探讨，更是对教育本质的深刻反思。

  在阅读这本书时，我们不仅能够获得关于如何设计和实施高质量物理公开课的具体指导，还能深刻体会到秦老师对于教育"源"与"流"关系的独到见解。这种见解不仅适用于物理教育，更适用于所有教育领域。因此，本书不仅是物理教师的必读之作，也是所有教育工作者值得一读的重要书籍。

  总之，本书以其深刻的教育洞察力和丰富的实践经验，向我们展示了教育"源"与"流"的完美结合，不仅指引我们如何在课堂上激发学生的潜能，更启发我们去思考教育的本质和目标。通过阅读这本书，我们能够更深入地理解教育的意义，更有信心地面对未来的挑战。

汤清修

2024 年 4 月

目录

第一章 核心素养基本内涵 / 1

第一节 核心素养 / 3
一、素养 / 3
二、核心素养的研究 / 3
三、核心素养的定义 / 4

第二节 物理课程核心素养 / 5
一、物理观念 / 6
二、科学思维 / 6
三、科学探究 / 6
四、科学态度与责任 / 6

第二章 公开课实践价值 / 7

第一节 学科教学研究 / 9
一、深化课程实践研究 / 9
二、展示教学改革成果 / 10

第二节 教研团队建设 / 11
一、学校中的教研团队 / 11
二、公开课中的教研团队 / 11

第三节 教师专业成长 / 14
一、丰富教师的专业储备 / 14
二、促进教师的教学反思 / 16
三、发展教师的教学特色 / 18

第四节 课堂教学改进 / 21

一、课堂教学改进意义 / 21
二、课堂教学改进方式 / 21
三、课堂教学改进案例 / 21

第三章　公开课教学设计 / 33

第一节　课堂教学设计 / 35
一、课堂教学设计概述 / 35
二、课堂教学设计体例 / 37
三、课堂教学设计举例 / 43

第二节　单元教学设计 / 53
一、单元教学设计概述 / 53
二、单元教学设计流程 / 55
三、单元教学设计举例 / 63
四、单元视域下的课堂教学设计 / 66

第四章　公开课实践推进 / 75

第一节　物理公开课设计 / 77
一、选择教学课题 / 77
二、设计教学流程 / 78
三、确定物理实验 / 80
四、制作教学课件 / 83
五、应用教学平台 / 87
六、展开教学活动 / 93
七、落实教学评价 / 97

第二节　物理公开课形成 / 99

一、确定执教教师 / 99
　　二、开展备课研讨 / 99
　　三、完成教学设计 / 103
　　四、实施课堂教学 / 108
　第三节　区域物理公开课实践 / 109
　　一、单元整体推进 / 109
　　二、课例研修教研活动 / 110
　　三、区域物理公开课举例 / 113

后记 / 142

第一章

核心素养基本内涵

第一节 核心素养

在汉语中,"素养"一词出自《汉书·李寻传》:"马不伏历,不可以趋道;士不素养,不可以重国。""素"就是指平素、日常的意思;"养"可以理解为涵养、修养、教育、熏陶,是人在日积月累的练习和实践中逐步养成的一种文化特质、态度或者理念。《辞海》中"素养"一词的含义指"经常修习涵养,并且渗透蕴涵于身心的品质,如艺术素养、科学素养、文学素养等"。而在《现代汉语词典》中,素养则主要指"平日的修养",着重强调是在长期的、后天实践中习得的,而非先天、自发或一蹴而就的。

一、素养

"素养"简单而言就是人的读写能力以及对某个特定学科应掌握的知识与技能,应用到现代语境中通常指最基础的读写能力。之后,经过逐步的演变和发展,"素养"又被赋予了新的含义,主要包括两个层面:一个层面是指一个人的学识、修养和内涵,主要针对某一领域的学者、专家;另一层面则针对普通大众,着重于指人最基本的阅读、书写能力以及一定的文化水平。综上可以看出,"素养"的基本含义是指人们参与读写交流所应当具备的最低水平的各种技能,包括听说读写。随着社会的发展,"素养"的概念从最初的读写技能逐渐丰满起来,演绎为"要适应现代社会,个人所需要的最低限度的知识与技能",包括思想政治素养、历史素养、文化素养、音乐素养、科学素养、劳动教育素养、媒介素养、信息素养、身心素养等方面。

素养是一个人内在的稳定品质和长时间积淀而成的涵养,是特定情境下的特定思维倾向,集中反映了个人知识、能力、行为习惯等方面的综合特征。它基于人的先天素质,更注重在后天的学习、训练和思考中逐步习得的涵养和某一方面独有的特质。

二、核心素养的研究

"核心素养"这个概念是从西方舶来的,对应的英文翻译是"Key Competencies"。在英语中,"Key"有"关键的""必不可少的"等含义,"Competencies"可直译为"能力",但从词组所包含的内容看,译成"素养"更为恰当。简言之,"核心素养"就是"关键素养"。人们在谈论"核心素养"这个概念的缘起时,往往会提到"经济合作与发展组织"(OECD)。在1997年,该组织启动了一个有关素养的界定与遴选项目,首先确立核心素养的功能是实现个体生活的成功和社会的健全,以增强核心素养应用于教育实践的可操作性;然后,据此分析社会的愿景和个人的生活需求,在此基础上研制核心素养的理论要素。而真正标志着核心素养最终版本的正式发布,则要追溯到2006年12月,彼时欧洲议会和欧盟理事会通过了关于核心素养的建议案《以核心素养促进终生学习》(*Key Competences for Lifelong Learning*)。

在教育领域,关于素养的研究最早始于美国,由美国教育部所领导的"21世纪素养合作组织",于2002年制定了《21世纪素养框架》,2007年又发布了此框架的更新版本。受美国的影响,日本国立教育政策研究所及新加坡教育部各自根据本国国情制定和发布了有关核心素养的研究报告,分别指出适应本国的"21世纪素养、能力"。从全球范围来看,一些国际组织、国家和地区在核心素养的选取上都反映了经济社会发展的最新要求。

根据国际上关于21世纪学生发展的关键素养和能力的研究成果,2014年我国教育部颁布了《关于全面深化课程改革落实立德树人根本任务的意见》,要求研制各学段的学生核心素养发展体系,明确把核心素养的内涵界定为"学生应具备的适应个人终身发展和社会发展所需要的必备品格和关键能力"。之所以选择品格和能力作为内涵要点,是因为品格和能力是为人、为学、为事的根本所在,是幸福人生、成功人生的基石,品格和能力的互动与融合是核心素养形成的关键。

三、核心素养的定义

"核心素养"是指学生在接受相应学段的教育过程中逐步形成的适应个人终身发展和社会发展所需要的基本知识、必备品格、关键能力和立场态度等方面的综合表现。步入21世纪以来,中国学生发展核心素养,是以培养"全面发展的人"为核心,以方向性、科学性、时代性、国际性、民族性为基本原则。而核心素养之核心的表现,确定在"文化基础""自主发展""社会参与"这三个方面;核心素养的综合表现,显示为"人文底蕴""科学精神""学会学习""健康生活""责任担当""实践创新"共六大素养,如图1-1所示。

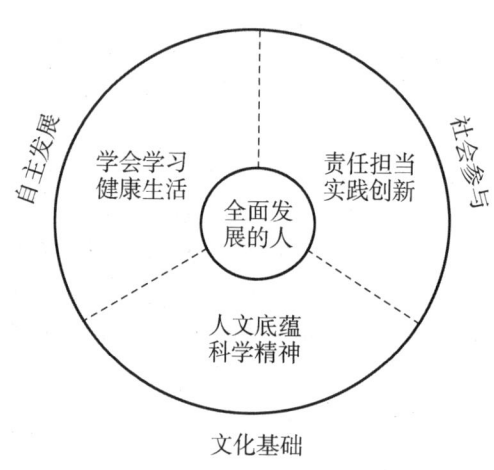

图1-1 核心素养表现

当今世界处于百年未有之大变局,教育工作者需要站在全员育人、全程育人、全方位育人的高度,重新审视和考量核心素养在学校育人过程中所体现的重要价值,以学校课程与教学为抓手,落实核心素养,回应"培养什么人、怎样培养人、为谁培养人"这一根本性问题。

总而言之,核心素养体现了一个人的知识、技能和态度价值观等方面融合的综合表现。核心素养是国家教育总体目标的具体化,它是物理课程体系以及其他各学科教学目标制定的上位依据。

第二节 物理课程核心素养

物理课程核心素养是学生在接受物理教育的过程中,逐步形成的知识积淀、思维品质、能力表现、科学思想,以及科学的情感、态度和价值观的综合体现,还有适应个人终身发展和社会发展需要的关键能力和必备品格。物理课程核心素养在科学核心素养中占有重要地位,主要包括四个维度,分别为"物理观念""科学思维""科学探究""科学态度与责任",如图1-2所示。其各个维度下又分别含有若干要素,如图1-3所示。

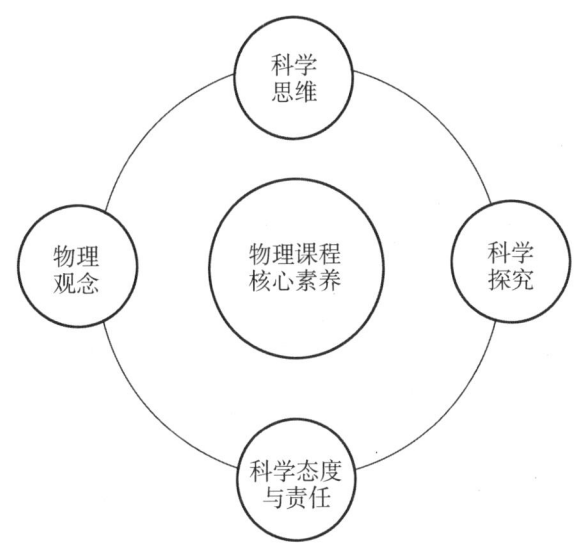

图1-2 物理课程核心素养主要维度

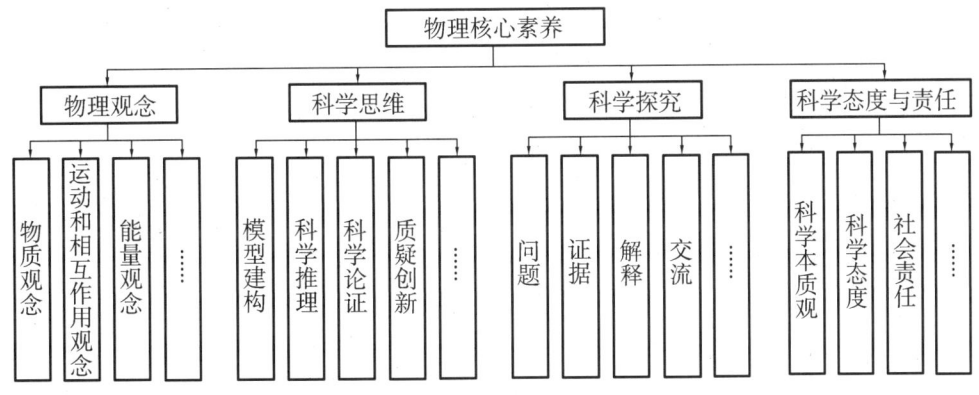

图1-3 物理课程核心素养具体要素

物理课程核心素养所包括的四个维度是相互联系、相辅相成、共同发展的。学生在接受物理教育的过程中,对物理概念和规律有了理性的认识,逐步形成物理观念,同时在此过程中培养了科学思维和科学探究能力,最终形成严谨认真、实事求是、持之以恒的品质即科学态度与责任。

一、物理观念

学生在物理学习过程中,通过学习具体的物理知识与技能,在脑海中形成物质观念,运动和相互作用观念以及能量观念等。这些观念是物理概念和规律在头脑中的提炼与升华,并将用来解决自然现象和解决生活中的实际问题。

二、科学思维

通过物理学科的学习,学生形成模型建构与模型应用的思维方式,以及科学辨析的推理能力、科学论证和敢于质疑创新等典型的思维方式,形成创造性的个性见解。这是从物理学的视角对客观事物的本质属性、内在规律及相互关系的认识方式,是分析综合、推理论证等方法在科学领域的具体应用。

三、科学探究

学生在学习物理知识的过程中,通常是基于生活经验或实验现象提出与物理有关的问题,并进行有依据的猜想与假设,在教师引导下尝试自主进行实验探究活动的设计,在问题解决的过程中获取、筛选、处理相关信息,经过小组讨论、分析,进而得出正确客观的物理结论,并且对科学探究的过程进行反思。

四、科学态度与责任

学生在物理学习的过程中,形成积极的科学价值观和严谨的科学精神,理解STSE[科学(Science)、技术(Technology)、社会(Society)、环境(Environment)的英文缩写]之间的内在关联,激发探索自然的内在动力,促使学生拥有尊重客观事实、大胆质疑、乐于反思、勇于创新的科学态度,以及遵守科学伦理、保护环境并推动世界可持续发展的社会责任感。

总体来说,物理课程核心素养是物理学科育人价值的集中体现,是学生科学素养的重要构成,也是上海市"二期课改"所倡导的三维目标的提炼与升华。

在当今科技发展的迅猛态势下,世界每一天都在发生变化,这就需要每一位教育工作者不断创新教与学的方式,主动更新学科本体知识,让学生通过教育能更好地适应社会需求。核心素养的培育不可能是一蹴而就的,在这个持续、长期的过程中,也需要每一位教育工作者根据学生的实际和社会的新需求不断调整培育策略,并尽可能根据学生的兴趣、特长、个性等落实因材施教的要求。

第二章

公开课实践价值

第一节　学科教学研究

公开课是学科开展集体教学研究的主要手段之一,也是提升教师学科专业素养的重要路径,在实践中不仅有显性价值,还有隐性价值。在区域公开课推进的过程中,其显性价值主要体现为"传播课改理念,分享教育智慧,拓宽教师视野,提升专业素养";其隐性价值主要体现为"促进专业自觉,激发创新热情,形成研究氛围,感受职业幸福"。

公开课本质上依然是一次"教学"活动,所以公开课执教者必须在规定时间内按照要求完成既定的教学要求及教学任务,达成预设的教学目标。公开课又是区域的一次教学研究活动,所以还应聚焦课程与教学改革推进中的重点、难点问题,并兼顾教师在执教过程中遇到的共性问题,开展主题式的对话,形成课程实施的有效策略或路径。因此,相比于常态课,公开课具有更显著的"研究"功能。

一、深化课程实践研究

从发挥公开课价值的角度来说,公开课是连接教学和科研活动的纽带。目前学校普遍存在教学与科研相脱离的状况,而具有课例研讨功能的公开课,能够通过其实施过程在一定程度上扭转这一现象。公开课的最终呈现离不开团队的智慧与合作。在整个实施过程中,团队内每一位教师经历与其他成员同样的备课、说课、试教、评课、反思、改进等环节,对如何凸显课改理念、确定执教内容、制定教学目标、创设教学情境、选择教学方式、培育核心素养等方面,一起进行深入讨论、评判、分析,并提出改进的方法和策略,再进行下一步的实施和评估。立足于课堂教学的科研更适合一线教师,也更接地气。教师将自己在日常教学中遇到的真实问题提炼为课题,在教学实施中寻找解决问题的策略或路径,结合实证数据总结得与失,形成自己的观点或经验,输出成文,这便是一次完整的课题研究过程。因此,公开课就是在不断实践、反思、再实践的循环过程中,达成问题的有效解决,并不断实现教师教学理念的更新、教学方式的优化等,在研究的过程中逐步提升教师的课程领导力和课程实施品质。

从教师专业发展的角度来说,公开课是促进教师专业成长和发展的助推器。公开课的实施,为教师搭建了相互沟通、探讨交流的重要平台,为教师教学技能和专业素质的发展提供了更多的专业支持。公开课是审视日常教学的窗口,是促进教师专业自觉的重要途径。在公开课实施过程中,执教者和团队参与者基于课程标准和学生实际要求,对教学实施流程的各个基本环节展开深入研究,实现教学相长。有学者将公开课的价值总结归纳为如下五个方面:① 促进执教者把握教育本质,认识教学规律;② 促进执教者改进教学方法,优化教学策略;③ 促进执教者掌握职业技能,提升自身素质;④ 促进执教者进行教学反思,更新教学理念;⑤ 促进执教者关注教学艺术,生成教学智慧,形成自己的教学特色,乃至教学风格。因此我们常说,公开课是教师成长的阶梯。

公开课教研与日常教学研究活动之间存在差异性,因此要求教师在参与公开课教研的过程中,要对课堂教学的设计、实施、生成等方面进行理性观察,基于实证进行教学各环节的优化与再改进,提升自己对新课程理念和学科教学理论的理解并加以内化,从而实现公开课的研究功能。一般而言,教学研究应贯穿教师教学生涯的整个过程,成为教师日常教学活动密不可分的一部分。教学研究不应该仅局限于课题研究,更应该是教师对教学过程中遇到真实问题并寻求解决方法的行动研究。新课程的推进与落实倡导一线教师扎根于"草根研究":教师要具备教学研究的意识,敏锐地发现问题并积极尝试解决,在解决所遇到的真实且生动、鲜活的教学问题过程中,获得更具有推广与借鉴价值的成果。与此同时,教学研究也应提倡"教"与"研"的有机融合,帮助教师深入理解教学研究的目的与意义。教学研究不能片面强调"研究"而忽略"教学"之根本任务,要做到教学中有研究,在研究中改进教学,从而让教师体会教学研究的价值。公开课教研是使教学研究显性化的有效手段,在组织教师参与听课、评课的过程中,培养教师发现问题、研究问题、解决问题、提炼经验的能力,并形成教学研究的意识。激发教师参与教学研究的热情,这也是公开课的价值所在。

二、展示教学改革成果

在教师专业成长过程中,参与公开课教研活动是一种极其有价值的学习方式。无论是公开课的执教者还是观摩者,都可以借鉴到新的教学思路,了解不同的教学方法,掌握多元的教学评价等,并可以将这些经验融入自己的日常教学中。这种互相学习可以有效激发教师之间的专业共鸣。

对于已经具备成熟教学经验的老教师和教学经验欠缺的新教师而言,公开课的价值有所不同。老教师可以通过公开课更新教育理念、创新课堂教学,不断提升课堂教学的驾驭能力。而对于新教师,则可以通过公开课在分析教材和学情、撰写教案、精准确定教学的重难点、选择有效的教学方式等方面获得较大的启发,便于更快、更好地站稳讲台。因此,公开课对不同教龄的教师在专业技能、专业情意等方面都有比较显著的影响。

随着社会的进步和科技的发展,时代对教育教学不断提出新要求,学校教育面临着前所未有的挑战。课程与教学改革成功的关键在教师,主阵地在课堂,公开课承担着学科课程教学改革的导向任务。因此,公开课在为教师专业发展提供平台的同时,还肩负着引领教学改革创新的重要使命,它是鼓励教师尝试新的教学方法和技术、推动教育创新的关键手段。在进行公开课设计时,教师须将最新的教育教学改革要求融入其中,如核心素养培育、跨学科教学实践、项目化学习、数字技术赋能教学等,以此呼应国家和时代对教育的新要求。在公开课实施的过程中,要通过新教学手段的应用、创新性的活动设计以及伴随有效的评价等,让教师感受到教学创新所产生的课堂活力。这些感受可以让教师保持教学创新的热情,进而通过课堂有效激发学生参与学习的主动性和积极性。

因此,公开课作为教学改革创新的示范平台,不仅为教师的专业发展提供了机会,还能激发学生的学习热情。公开课在教育领域发挥着重要作用,为教育的高质量发展作出了积极贡献。

第二节　教研团队建设

　　研究表明,积极的教研团队具有共同的价值追求、和谐的相互合作、反思性的专业研究等特点。积极的教研团队有利于激发教师专业发展的自主性,有利于挖掘并实现教师群体智慧和资源的共享,在教学相长的过程中营造和谐的教研文化,培养教师的合作意识和团队精神。

　　公开课可以提升教师的团队合作能力。公开课搭建了教师相互支持与合作的网络,教师通过这个网络可以借鉴教学策略、共享教学资源、共同解决问题,感受到团队合作在自身专业成长过程中的重要性,进而形成团队合作的意识与自觉。因此,公开课是实现同伴互助和共同成长的重要平台,有助于形成教师的合作意识和教研文化。

一、学校中的教研团队

　　优秀教研团队的建设,关键在于明确共同愿景,形成教师合作学习、共同成长的文化,在此基础上创建积极、包容的学校文化,营造信任、尊重的学校氛围。因此,教研团队建设已成为当前许多学校推进、落实新课程改革过程中的重要任务,做强教研团队是做强学科的主要抓手。

　　公开课是学科教研的重要活动,其实施过程中包括备课、上课、观摩、评课等必要环节。为有效落实各个环节,需要组织有关教师广泛参与、积极研讨,并鼓励参与者充分发挥主体作用,贡献智慧、展示才能、合作交流、互帮互学。因此,组织开展公开课教研活动是学校教研团队建设过程中强有力的抓手,公开课在学校教研团队建设中起到极其重要的作用。

二、公开课中的教研团队

　　在教学过程中,教师进行合作性实践似乎是顺理成章的事,但在现实中要让教师之间真正达成深层次的合作并非易事。公开课一定是教研团队积极合作下的产物,所以公开课并非仅仅是执教者课程实施水平的体现,更多的是代表了执教者所在团队的课程实施与研究水平。在对公开课反复打磨的过程中,团队教师由"同事关系"升级为"伙伴关系",从而推动教研共同体建设,所以公开课是促进教师专业发展、打造优秀教研团队的一个重要载体。

　　教师专业发展要实现突破,需要从"个人化的努力"转向"合作型共同体的支持"。在共同体中,教师通过参与合作性的实践来滋养彼此的教学知识和实践智慧。教师参与公开课教研活动同参与课题、听专家讲座、集体备课等活动并不一样,最大的区别是教师在公开课教研活动中是基于真实教学实践中的合作,无论是公开课的执教者还是备课过程的参与者,其教学知识和实践智慧都能得到最大程度的激发。

公开课促进教研团队成长案例:

　　学校学科建设、教师专业成长离不开有品质的校本研修,教师的专业素养又对教育教学质量的提升起着关键作用。公开课是助力教师实现专业成长的有效路径，通过团队协作、集体反思、资源共享和专业引领的过程，为教师成长和团队发展搭建了宝贵的平台。以东华大学附属实验学校物理教研组为例，团队成员通过公开课教研活动，不仅提升了教师个人的教学能力，还促进了教师团队的共同成长，建组七年后，就获得了松江区教研组评审最高荣誉——"松江区中小学（幼儿园）示范教研组"的称号。

共同的愿景：教研组内成员时刻牢记课堂是学校教育、课程教学改革的主阵地，是塑造学生精彩人生的起点，更是学校教育减负增效的关键点。教师是实现教育高质量发展的核心，他们立足课堂、聚焦问题、扎实研究、深入实践、不断成长。

教研组依托学校动感课堂教学新模式的构建，紧跟松江区初中物理骨干教师专业发展共同体研究的步伐，注重从实践中发现问题、解决问题、反思改进，在课堂中组织学生开展合作学习、探究性学习，积极转变教与学的方式，其教学从纯粹的知识传授逐步转化为核心素养的培育，在此过程中不断夯实团队成员的专业素养，提升课堂实施能力，助力学生形成适应社会需求和个人终身发展的必备品格和关键能力。

教研组在良好氛围的熏陶下形成了公开课推进机制，规定组内每位教师每一学期至少开设一次校内公开课，采用"研讨—生成—实践—反思—再研—再构—再生成—再反思（总结）"的模式，围绕教学实践中学生核心素养培育等重点、难点问题，开展以解决关键问题为目标的系列化、深层次、持续性的主题教研活动。

紧密的协作：一节优秀的公开课背后，一定离不开团队成员的全力支持和共同努力。特别是素养视域下的公开课实施，强调的是单元、大任务、情境化的教学导向，公开课就不再仅仅是一课时的呈现，而要有单元的整体规划、大任务的确定、子任务的分解和每课时的教学设计等，前期的准备工作任务艰巨，从教学课题的确定到活动流程的设计，都离不开团队成员的紧密协作。该教研组参加了区初中物理骨干教师专业发展共同体研究项目后，在进行"素养视域下的初中物理单元教学实践项目展示"准备工作时，全体成员就心怀一个目标，齐心协力，共同为这节公开课贡献智慧和力量。根据教学进度和展示时间，确定完成"运动"单元的教学实践，由该组宋琳老师承担"3.2 直线运动（3）匀速直线运动的 $s-t$ 图像"的执教任务。出于培养青年教师，使他们尽快成长的目的，确定由组内4位年轻教师共同承担课时教学设计的撰写任务。

在特殊时期，如何让线上课堂更加高效，成了教学研究的新挑战。该教研组又以"教研组-备课组-教师个体"三级协同联动的形式，使每一位教师深入教与研的过程之中。在组织实施的过程中，教研组层面上积极组织"云公开课"，为线上教学"立柱架梁"；备课组层面上整合资源，分工合作，为线上教学"添砖加瓦"；个体层面上有效实施，反思跟进，为线上教学"保驾护航"。经过深入学习与研讨，大家形成了一致的认识：① 新授课——对空中课堂等已有的优质视频资源进行切片重整，助力新课教学；② 复习课——研究知识结构，帮助学生梳理知识框架体系。关于"基础问题"教学，通过课堂前测和后测及时发现和巩固；关于"难点问题"教学，通过专题复习、微视频推送、观看名师面对面等各种方法进行。他们在研究教学实施中，挖掘并发挥平台功能、关注思维过程呈现，紧密的协作既展示了团队力量，也促进了个体成长。

理性的反思：公开课教学展示的背后一定是教研团队价值追求的展现。虽然公开课实施前，文本设计任务艰巨，但前期的文案准备只是教师负责任的预设，教学的生成永远无法预知，情境创设是否有效、教学方式是否合理、教学设问是否有品质，这些问题的解决都离不开公开课实施之前多轮的教学实践和反思改进。同样以该组承担素养视域下的初中物理单元教学实践展示活动为例，他们通过集体研读《义务教育物理课程标准（2022年版）》（以下简称《2022版课标》），学习《中学物理单元教学设计指南》，分工备课，集体打磨，共同完成单元设计文本后，又经历了一个多月10多次集体教研和一次又一次分组探讨。为了提升单元教学设计的质量，八年级4位教师分别承担了4轮的教学实践，组内教师共同观课、发现问题、调整改进，然后再实践、再反思、再改进，最终形成了较为成熟的单元实践课例。打磨的过程也让团队内每一位成员对核心素养视域下的单元教学实践研究有了理性的认识，积累了鲜活的实践经验。

公开课是教师专业成长的重要阶梯。在整个过程中，团队以公开课为镜，集体省思，审视自己的教学行为，实现自我超越。团队不仅是教育事业的同行者，更是教学的研究者和探索者，他们以学生为中心，以课程为载体，以教学方法为手段，共同探索教学的奥秘。在这场协作中，团队成员们相互学习，互补长短，共同提升教学设计的有效性和课堂教学的艺术性。

共赢的分享： 在公开课的形成过程中，除了实现教师专业素养提升和团队共同成长外，优质的资源是公开课中最珍贵的成果。近几年他们通过公开课也积累了很多优秀课例，包括精心设计的教案、用心制作的教具、创新的教学方法等，无私地奉献给同行们。这些资源的共享，不仅丰富了教师的教学工具箱，而且激发了他们的教学灵感，实现了教学相长的共赢。如教学创新方法的共享，在讲授牛顿第一定律时，学生很难同时比较伽利略理想斜面几次实验中小球上升的位置，此时可以将多个视频进行叠加辅助学生观察；在讲授连通器原理时，教师用矿泉水瓶子、橡胶水管制作出与学生生活联系密切的下水管模型，搬到课堂里，能有效激发学生的学习兴趣，课堂讨论很热烈；在讲光的反射时，教师用长尾夹盒子简易制作一个"云室"观察光的反射路径等。除此之外，还有优秀课例的共享，如郑琦老师的公开课"磁体、磁感线"，李萍老师的公开课"光的反射"和"阿基米德原理"，朱凯老师和陈宝同老师的公开课"光的反射"和"平面镜成像"，宋琳老师开设的区公开课"电阻"等，通过不断积累优秀课例来推动教研组对单元整体教学设计的课堂研究。以上所说的每一节公开课都凝聚了教研组教师们的集体智慧，为提升课堂教学设计能力和实践能力奠定了基础。

立足校本教研，开展公开课课题研究是促进教师快速成长，逐渐走向专业化的有效途径。教研组从教学的实际需求出发，聚焦问题，将理论与实践相结合，积极开展与教学联系紧密的课题研究。他们积极参与区级课题项目的申报。2020—2021年，松江区中小学青年教师（2—5年）专业发展实践研究项目中，由组内青年教师宋琳申报，郑琦和李萍老师共同参与的项目"递进式问题链为导向的初中物理项目化学习研究"，如期顺利结项。《2022版课标》中增加了"跨学科主题学习"板块，在学校研训部的组织培训下，他们开展了"跨学科主题设计的公开课"这一研究，并以备课组为单位制定跨学科主题，在学校PBL工作坊教师顾问的指导下，学习撰写课程设计方案和实施方案。

东华大学附属实验学校物理教研组在合作中凝结出团队的智慧，他们以公开课为载体，共同探索教学的真谛，共同追求教育的理想；他们以公开课为舞台，共同演绎教学的精彩，共同创造教育的未来。

第三节　教师专业成长

　　公开课是多维度助力教师专业发展的载体,能帮助教师增进教学技能,促进教师个人成长和职业发展。公开课教学,往往需要凸显课程改革的新理念,呼应时代对教育的新命题,体现课程标准的新要求,进而落实核心素养的培育。公开课是教学创新的催化剂,开设时应鼓励教师探索新的教学方法和手段,激发对课程内容的深入挖掘和创新性呈现;公开课是教育实践的实证基础,指导教师将理论知识应用于实践,通过教学效果的观察和评估,改进和调整教学策略;公开课是教师自我反思的载体,促使教师对自己的教学理念和方法进行深入思考,帮助教师逐步识别并形成自身的教学风格;公开课是同伴专业交流的平台,可以增强教师间的交流与合作,分享教育智慧与教学策略,助力教师专业发展共同体的形成,增强教师的职业归属感;公开课是教师专业成长的推动力,通过对课程育人的持续深入研究,不断强化教师教书育人的责任感和使命感。通过公开课,教师能在实践、交流和反思中持续成长,为学生提供更高质量的教育。

　　公开课提供了一个让教师可以接受来自同行直接反馈的机会,这种反馈往往涉及课堂教学的各个要素,包括目标的精准性、方法的适切性、思维的灵活性、管理的艺术性、互动的有效性、技术的功能性等。通过同行间客观、专业的观点分享与对话,教师能够获得新的视角和灵感,也能客观了解自身教学中的优点与不足,从而有针对性地改进,并不断丰富和完善自己的教学实践。

一、丰富教师的专业储备

　　公开课可以帮助教师更新理念和技能。无论何种类型的公开课,都承担着引导区域学科教学实践方向的作用,因此执教公开课的过程就是教师更新理念和实践能力的过程。执教公开课前,备课团队成员均需要学习最新的教学理念和倡导的教学方式,把握改革动向与导向,深入研究学生的学习过程,从而更有效地实施和指导教学活动。同时,公开课为实践新的教学方法提供了平台,教师可以通过自己或同伴的公开课,尝试"翻转课堂""项目化学习""小组合作""跨学科实践"等教学方式,提升学生的课堂参与度和动手操作能力。随着社会进步与技术发展,教学数字化转型已是建设教育强国必要的战略支撑,为了真正让技术赋能教学、技术改变课堂,公开课也成为实践、推广并让教师掌握新技术手段的重要载体。

　　公开课可以提升教师的教学创新能力。公开课与常态课的主要区别在于公开课往往聚焦某一主题的研究,如素养视域下的单元教学实践、技术赋能课堂的有效策略、跨学科教学实践等。从这一角度而言,公开课就是教师实现教学创新的催化剂,可以激发教师在教学过程中实践新方法和新技巧。为了实现公开课的价值,备课团队和执教者往往会研究并尝试最新的教学策略,如创新学习情境、创新实验设计、创新教学方法等,这种积极主动的实践可以促使教师跳出教学舒适圈,不再拘泥于传统教学模式下的知识和技能传授,而是以内容为载体,通过教学各环节的创新,实现素养培育。来自学生、同伴的认可会坚定教师创新实践的信心,提升教师的创新思维和创新能力,更会因学生的积极参与而让课堂焕发创新的活力。例如,新课程倡导要开展跨学科实践,为了回应课改要求,在执教公开课时团队成员一定会积极挖掘跨学科资源,设计真实的问题情境或具有挑战性的任务让学生解决,在这个过程中培养学生综合运用知识解决实际问题的能力。这种跨学科教学实践就是教师教学创新能力的体现。又如,单元教学实践需要设计能统领所学内容的核心任务,这个过程也是教师教学创新能力的体现。

公开课可以提升教师的课程实施能力。物理课程核心素养的培育不仅需要教师理解核心素养的内涵,还需要教师精准把握教材内容和所教学生的学情,在此基础上合理确定素养目标。素养视域下的课程实施倡导单元、大情境、大任务等,教师必须尽快形成单元教学设计的意识和单元教学设计的能力。对于区研训员而言,引领学科课程教学改革是研训工作的核心任务之一,所以在当前推进区域公开课教学的过程中一定会强化单元教学实践。承担公开课的执教任务,让执教者比其他教师拥有了更早学习和实践单元教学的机会。备课过程中,研训员一定会先带着团队成员深入研读课程标准,细致解读教材内容,合理确定单元核心任务,精准制定单元教学目标,在此基础上完成单元各课时的教学设计。因此,对于公开课执教教师而言,最珍贵的就是能和备课团队共同学习、内化、实践和反思,在"做中学"的经历中无痕地提升自己对于新课程的实施和驾驭能力。

公开课可以帮助教师掌握课堂管理技巧。课堂不仅是学生在学校生活的主要场所,也是教师教书育人的主阵地。教师在课堂中实现"传道授业解惑"的价值追求,而课堂教学效能的提升、和谐师生关系的构建都离不开教师的课堂管理小技巧。公开课的最大优势是可以在听课同伴的参与下实现教学过程的全监控,如教师在课中问题的指向性是否明确,采用的理答方式是否有效,对学生的学习评价是否及时,教学策略运用是否多元,教学语言是否精准干练,对意外的课堂生成是否智慧应对等,这些问题执教者都可以直接从同伴那里获得反馈,为提升课堂管理技巧提供实证经验。而参与观摩公开课的教师,则可以结合课中的理性观察和评课过程中的观点碰撞,间接地掌握行之有效的课堂管理策略和技巧,包括如何有效地维持课堂秩序,如何持久地激发学生的学习兴趣,如何智慧地应对课堂生成,如何实施激励性的评价等,为自己的教学管理提供新思路和新方案。

公开课可以提升教师的信息技术素养。随着社会的进步和科技的发展,手机、电脑、Pad等移动设备不仅在我们的生活中实现了普及,并且还在迅速地迭代升级中。充分应用技术手段赋能课堂教学已是必然的追求,数字素养也成了教师必备的专业素养之一。现在的公开课实施,除了研究学科教学规律之外,还是教师们相互学习如何在课堂内有效使用各种技术手段提升教学效益的重要平台。为了体现技术的优势,同时也为了让学生获得更加丰富和多元的学习体验,公开课的备课团队一定会努力在课中呈现新的技术资源,包括各种教学平台、互动软件以及自己拍摄或编辑的视频等,使教与学更具直观性、互动性和趣味性。因此,作为公开课的执教者,除了会基本的PPT制作外,还必须要熟悉各类教学交互平台的功能和各种视频、音频的编辑软件,才能在课中实现最佳的应用效果。由此可见,公开课是教师信息技术素养培育的有效路径,可以帮助教师提升数字素养,更好地适应时代对教育发展的新要求。

公开课可以提升教师的实证研究能力。现在的听评课越来越重视实证意识。公开课的组织者往往会让观课教师带着任务进入课堂，如预先分配好每位观课教师的课堂观察点，或者提供不同的工具量表让教师在观课中记录等，通过采集的数据来检验课堂教学策略、数字化技术等方面是否运用有效。众所周知，教学是一门艺术，即使同一份教学设计也会因教师个人特色的不同或所用教学方式的不同而导致不同的教学效果，教师们可以借助公开课实践新方法、新策略，并通过观察学生的反应和学习效果对比，掌握不同教学方法的优势或局限。实验创新是物理学科教学永恒的追求，公开课教学可以为教师提供检验实验创新是否有效、可行的实证平台，通过对公开课中所采集数据的分析、判断，可以不断提升教师的实验创新与实验教学能力。另外，在公开课中所收集的学生学习数据，如参与度、理解度、练习反馈情况等，也是教师了解学生学习需求和调整教学策略至关重要的实证来源。

二、促进教师的教学反思

教学反思是教师实现专业提升的重要路径。通过对自己教学实践的深入思考和分析，不断改进自身的课堂教学，提升课堂教学驾驭能力。教学反思应该是自觉的、持续的、动态的过程，伴随着教师职业生涯的始终。

公开课可以提升教师的教学反思能力。在公开课的准备过程中，备课团队首先需要深入研读学科课程标准和教材内容，精准分析学情，合理制定教学目标，确定适切的教学方法，并要对学生的学习情况有可靠的预设。公开课后，教师须结合同伴的点评与课堂实录，评估自己的教学效果对学生学习的影响，包括目标的达成度、设问的有效性、方法的适切性、学生的参与度等，将课堂生成与教学预设进行基于证据的反思与改进，结合实际调整教学策略、优化教学方法、丰富互动方式和重整课程内容等。这种自我审视与反思改进的过程有助于教师的教学更贴近学生的学习和成长需求，更有助于教师清醒地认识自身在教学实际中已有的优势和潜在的改进空间，从而为教师的专业成长提供了源源不竭的动力，使教师在课程教学中长久保持创新力和活力。

公开课是促进教师教学反思的实证基础。公开课为教师提供了直观展示教学实践的平台，这对于教师的教学反思能力提升至关重要。公开课是真实教学场景的公开展示，在教师讲解、师生互动、生生互动乃至人机互动中体现了教师在课程理念的领悟、课程标准的把握、教材内容的再构、教学方式的选择、信息技术的融合等方面的专业素养，同时还体现了教师的教学智慧，如师生互动、课堂设问、学生评价的深度和品质等。执教者和观摩者均应根据课堂中教学目标的达成度和课堂中学生的真实反应，并通过对采集数据、证据的分析，理性评估教学设计的有效性、教学方式的适切性等，从而更全面地识别自身教学中的优势和不足，不断反思与改进，逐步形成自己的教学风格，提升教学实践能力。

公开课为教师教学反思提供多元的信息来源。参与观摩的教师会基于自身的实践经验、专业知识和课堂观察，指出教学设计、流程设置、情境创设、活动实施等方面的亮点与不足，并提供改进建议。这种来自同伴的评价，对于教师了解自身的教学表现和识别改进方面非常有价值。学生是公开课教学的直接参与者，他们的反馈对于精准评估教学效果至关重要。教师可通过听取学生的意见或通过课堂练习、课后作业情况的分析，了解学生对教学内容的理解程度、对教学方法的认同度以及课堂实施的满意度等，这种来自学生的评价对于教师的教学反思非常有意义。另外,在有教育专家或非本学科教师观摩的公开课中,来自专家的点评通常更加客观和全面,他们会从教育理论与实践相结合的角度对教师的教学行为、学生的学习状态进行理性分析,因此来自专家的评价会让教师的反思更有深度;而来自非本学科的教师可能更容易站在学习者的角度去观察课堂、体验课堂,因此来自他们的评价会让教师的教学反思更有宽度。

公开课教学反思案例(来自上海市松江区九亭中学马玉清老师):

在2019—2022年期间,我先后执教了3节公开课,分别是"光的折射""滑轮"和"重力"。每一次公开课的准备过程都是紧张而难熬的,但也伴随着巨大的成长和收获,让我对教育教学和专业发展有了更深刻的理解。

1. 通过公开课反思促进对教材的理解,准确把握单元视域下的教学整体设计方法

"光的折射"和"光的反射"是光学单元中两个核心的知识章节,两部分内容在概念引入、探究过程、实验数据分析等多个方面都有相似之处。在与东华大学附属实验学校李萍老师共同执教"光的折射""光的反射"两节区级公开课的备课过程中,通过单元视域下的教学整体设计,我对教材内容有了更深的理解,也在评课和教后反思中意识到自己的不足,明确了单元教学设计的意义,厘清了单元教学设计的流程,对单元整体设计有了更深的认识。

2. 通过公开课反思对教学方式和实验进行创新,寻找最适配的课堂呈现方式

公开课要承担引领区域教学改革走向的功能,因此总要伴随着一些创新和尝试。为了凸显实验在初中物理教学中的重要价值,我经常在公开课中自制演示实验道具,如在"光的折射"中的"叉鱼游戏机","重力"中的"反重力圆环"等,这些小实验有效地激发了学生的学习兴趣和探究欲望,课堂参与度极高,听课教师也给予了高度的肯定,也让我体会到了实验教学的魅力和优势。

另外,在教育数字化转型的大背景下,课堂的教学方式也多种多样,如手机即时投屏、iPad实时互动、网络交互平台的及时检测等,这些创新的教学方法在课堂中的有效利用,可以真正实现技术赋能课堂教学的目的。因此,我在公开课试讲、反思、改进以及日常教学中都会不断地尝试利用技术支持课堂教学,努力寻找最适配于我校学生学情的课堂教学呈现和互动方式,让学生学得开心,学得扎实,学得高效。

3. 通过公开课反思对教学环节和问题的设计,让过程更流畅,让细节更精彩

公开课教学环节的衔接和语言的设计非常考察教师的功力,只有充分站在学生的角度思考才能让这些细节更完美。在公开课教学设计的过程中,秦老师总是要求必须有详案,要细化到每一句话,并且反复强调"能用十个字讲清的问题,不允许用十一个字陈述"。这种近乎严苛的要求,让我在每一次公开课的准备过程中会去反复揣摩问题的指向性、问题的品质以及表述的精炼性,这也让我慢慢形成了教学语言精炼、注重提问指向性的教学素养。另外,得益于公开课执教过程中的反复打磨与课后评课反思,我对教学流程的合理设计和过渡间的无痕衔接也有了一定的心得,这一切也都让我的常态课教学实施能力得到了显著提升。

总而言之,公开课从准备、试教、修改、再试教、再修改的过程中,每一环节都凝聚了来自同伴或专家的付出、心血和智慧,而我更得益于每次公开课完成后的同行评议和自我反思,让我在遗憾中不断地成长与突破,且行且思,且悟且进……

公开课作为教师专业成长的阶梯,对于教师的职业生涯具有深远的意义与影响。公开课为教师搭建了展示自身教学素养与教学实践能力的平台,了解自己的教学对学生学习和成长的影响,这种经历可以增强教师对职业角色的责任感、使命感和成就感。在公开课研讨、反思、改进的过程中,教师可以拓宽自身的教育视野,了解最新的教育理论,接触到不同的教学风格、方法和观点的碰撞,从而不断丰富自己的教育理念和教学手段。

三、发展教师的教学特色

无论是执教公开课还是观摩公开课,均可以帮助教师更加清楚地了解自己在教学上的优势和不足,据此制订个性化的专业提升和学习计划。

对于公开课的执教教师而言,在课后的评课环节,来自同行、学生和专家的反馈提供了外部视角下的教学效果评估,让执教者意识到存在尚不自知的问题,促进自我认知的深入。而观摩其他教师的公开课,则是教师绝好的比较学习机会,帮助教师认识到自己与他人在教学理念、教材解读、实验创新、信息素养、互动技巧等方面的差异,从中取长补短。通过公开课所获得的经验和反思,让教师清晰地看到自己的优势或特色并不断强化,也可以让教师清醒地意识到自己的不足进而明确后续的努力方向。

公开课搭建了教师间相互学习的平台,同伴的评价或者学科教学专家的观点有助于教师认清自身的优势和不足。教师在观摩公开课的过程中,可以结合自己的教学实践对教学艺术、教学方法、实验设计、技术融合手段等方面进行客观对比,学习他人的教学智慧。如:可以通过观察执教者对教学内容的处理掌握教材分析的不同视角,通过对比所创设的教学情境掌握活动有效设计的方法等,还可以观察执教者所采用的教学方式、如何营造学习氛围等,掌握课堂实施和管理的小技巧。比较和对照不仅能帮助教师认清自身的优势和不足,还能从他人成功或失败的经验中获得启发,这种学习有助于教师不断改进自己的教学。

观摩具有示范引领作用的公开课,会让教师们对"好课"达成一定的共识。一般而言,作为示范课,教学设计都经过团队的精心打磨,演示实验和学生实验都有一定的创新,情境或活动的创设都比较贴合学生和内容实际,技术融合恰到好处,能体现素养培育和学科育人宗旨;而执教者本身有扎实的教学基本功和较高的信息素养,驾驭教学得心应手,这类公开课是教师学习的榜样,能启迪教师的教学智慧,对听课者有很强的借鉴价值。在示范公开课的观摩和学习过程中,教师会习得方法、技巧等,并在实践中"迁移"和"内化",进而自主构建关于"好课"的认识。

在长期的教学实践和探索中,每一位教师在学科理解、教学策略、教学方法、教学组织、教学评价等方面都可能拥有自己独特的处理方法和观点。教师的个人素质、教学经验、学科知识乃至个性特点等多方面因素的综合,形成了教师的教学特色。每位教师的教学特色都有其独特之处,这也是教育多样性和个性化的体现。

公开课为教师识别和发展自身的教学特色提供了一个绝佳的舞台。在公开课试教、反思修改、再试教的过程中,执教者和团队会对单元教学设计以及课堂实施环节反复斟酌、打磨,其中包括知识传递的方式、互动展开的方法以及学习氛围的营造等。教师在这一过程中能对学科课程的理解不断强化,对学科教学的本质和核心加深认识;通过自我和同伴评价,能进一步明晰自己的优势与不足、了解自己教学特点和风格对学生学习产生的影响,在此基础上促成自己鲜明的教学特色。另外,被邀请前来观摩指导公开课的学科专家能更加敏锐地发现公开课执教者的教学优势和特长,他们的观点也会帮助教师形成教学特色。所以,通过公开课,教师可以更好地识别和发展自己的教学风格,充分发挥自己所长来提升课堂教学的实施魅力。

公开课本身就需要有特色,才能让观课者有学习和借鉴价值。公开课的执教者需要最大限度地挖掘自己的教学优势和特长。比如个人信息素养高的教师,可以充分挖掘并展示自己在教育技术使用上的所长,课中灵活运用各种工具或平台,实现师生互动、生生互动、人机互动,显现其即时、直观与高效的特点;也可以利用工具,将抽象的概念或规律的形成过程实现可视化、形象化,让技术真正为教学雪中送炭,体现技术赋能教学的不可替代性。又如动手能力强的教师,可以在物理实验教学上多下功夫,通过对实验仪器的改进,提高实验教学的针对性、有效性,从而凸显物理学科的实验特色,帮助学生在实验中内化对物理概念和规律的理解,并让自己逐步形成实验见长的教学特色。再如知识面比较广的教师,则可以深挖教材中的跨学科元素,对教学内容进行重整与再构,通过设计真实的教学情境,带领学生在解决问题的过程中拓宽知识面和培养知识综合运用能力。总之,教师在公开课中,在所擅长领域的不断展现与实践,有助于发现并形成自己的教学特色。

公开课助力教师形成特色案例(来自上海外国语大学松江外国语学校王媛媛老师):

2014年,我成为了一名光荣的人民教师。经过了教学最初的迷茫和热血期后,我逐渐发现学生的身心特点在不断地变化,每位学生都有自己独特的思考方式和学习习惯,因此教育不是一成不变的。这让我清醒地认识到,要成为一名优秀的老师,必须不断地在学习、实践中探索和创新。

秦老师对我的关注始于2018年的一节调研课,当时我利用了快闪的方式呈现PPT,在复习课的一开始就牢牢抓住了学生的注意力,整堂课中学生参与率、互动积极性都很高,收到了不错的教学效果。课后秦老师就对我说:"你要充分利用你擅长信息技术的优势,激发学生参与学习的兴趣,不断尝试让技术赋能教学,并由此形成自己的教学特色。"之后,我更加关注各种教育技术在课堂中的实践应用。除了基础的PPT制作和动画应用,我开始探索微课拍摄和剪辑的技巧,尝试用视频剪辑软件,制作生动的课件。与此同时,我努力创新教学方式,如项目化学习、跨学科实践、翻转课堂、游戏化教学等,不断激发学生的学习潜能和兴趣,培养他们的创造性思维和解决问题的能力。

2019年4月执教市级公开课"原子"时,我尝试利用信息技术手段实现无纸化教学,班级40多名学生通过每人配备的一台平板完成所有的课堂互动。课中,我使用了上海数字教材和智慧课堂两个软件。数字教材的优势在于,它不仅集合了教材和优质的教学资源,也是教师和学生之间沟通的桥梁,流转笔记的功能很好地实现了课前和课后教与学的延伸。课后专家与同伴的一致好评,更增加了我利用信息技术赋能课堂教学的信心。"原子"这节课还获得了教育部和上海市的优课荣誉,助力我获得了全国教师教育信息化交流活动基础教育组信息技术创新教学奖二等奖、上海市中小学信息化教学应用交流展示活动教学案例一等奖;所撰写的《初中物理数字教材和工具促学生主动学习的实践研究——以"原子"为例》一文获数字教材学校应用研究优秀论文。

在实践信息技术赋能课堂教学的过程中，我收获了来自学生和同伴的肯定，提升了我的教学自信心，也帮助我找到了有助于发挥个人特长的研究领域。

随着线上平台使用的空前高涨，我利用自己信息技术的特长，为课堂引入了更多的科技元素。运用丰富的网络资源、视频课程、在线互动方式，以及多元的教学工具，深度融入课堂。我也意识到，作为教师，要鼓励学生独立思考、创造性思考，勇敢探索未知领域。让学生拥有确定的能力去迎接不确定的未来，是教育的深层意义。

2020年，我接到了上海市"空中课堂"的拍摄任务。此后两年间，我先后参与录制了"简单机械——斜面""简单机械——滑轮组""串联电路①""串联电路②""串联电路③""名师面对面：神奇的杠杆"等课。通过多轮"空中课堂"的备课，我的专业素养快速提升，学会了从单元设计角度了解教材设计的逻辑、学生认识及能力素养发展的水平进阶，理解教材活动设计的意图。我经历了与原有教学观念的冲击，通过教学设计思路的比较、教研员耐心细致地修改讲稿等活动，在教学语言的科学性、逻辑性、规范性、精炼性等方面得到了全方位的打磨，信息技术运用能力也越来越娴熟。尽管"空中课堂"的录制过程很艰辛，但在令人感到自豪与骄傲的同时，最珍贵的是收获与成长，这些都不可复制、无法替代。

在特殊时期的线上教学中，我充分利用自己擅长信息技术的优势，尝试了一些新的探索。首先是对线上教学平台功能进行深度挖掘，在线上进行的公开课"比热容"中，我利用在线教学平台创建不同的讨论房间，有效实现了虚拟空间的小组合作学习，这一经历让学生和我都感受到手中的各种终端不再是冰冷的机器，而是帮助我们实现师生、生生间深度互动的"可爱小伙伴"。另外，我在课上还利用平台的小黑板功能，让每个学生可以在小黑板上作图，成功突破了这节课的难点，实现了线上教学的实时检测功能。

在这9年的成长之路上，我很幸运地把握住了公开课执教的机会，利用公开课搭建的平台努力成长，充分展示了"技术见长"的个人特色。我深深地感谢这些公开课给我带来的成长快乐和成就感，不断激励我在教育的道路上坚定前行。

第四节　课堂教学改进

课堂教学改进是对课堂教学实践持续优化的过程,这个过程是动态的,需要教师对自己的教学实践保持开放和反思的态度。公开课作为一种公开、有效的教育实践,对于帮助课堂教学改进具有显著作用。

一、课堂教学改进意义

课堂教学改进的目的或意义就是提高教学效果,达成学科育人要求。为此,应基于教学目标的达成度和学生的学习状况去反思教师的教,可以关注教学活动的设计、教学内容的确定、教学方式的选择、信息技术的运用等方面,比如根据学生的实际水平和课堂表现对学习内容进行调整,确保教学内容既具挑战性,又能够激发学生的学习兴趣。要结合学生在课堂中的互动效果,持续优化教学方式,探索和实施合作学习、项目化学习、探究式教学等,以激发学生积极参与教学活动的热情并实现深度学习。要根据实际的教学效果,不断优化教育技术的应用,以增强教学效果和学生参与度等。课堂教学改进,是教师不断学习、更新专业知识和提升专业素养的路径,是教师适应时代和社会发展对教育所提的新要求,胜任新挑战,完成新任务的必然选择。

二、课堂教学改进方式

基于实证反思改进。在公开课中,经常会使用不同的工具采集研究数据,用于教师的教学行为改进。此外,教师还能够直接接收来自学生、同行和教育专家的反馈,这种客观、直接、理性的即时反馈,让教师对自身的课堂教学行为有了充分的判断依据,有助于教师识别教学行为中需要改进的领域。教师也可以通过观摩其他教师的公开课,学习到新的教学方法和技能等,获得新的灵感和想法,在教学相长的过程中改进自己的课堂教学。

基于实践反思改进。公开课也为各种教学创新提供了实践机会,如教师可以在公开课中尝试创新的教学方式,如深度学习、跨学科实践、项目化学习的开展等,还可以在公开课中反复进行数字教学平台的实践,根据学生的反应和学习效果对所用方法进行调整,对教学平台提出优化建议。当然,执教者和观课者也能根据公开课的实践效果,反思改进自己的日常教学。所以,基于实践的反思改进让公开课成为了教师改进课堂教学的有力工具,提高了教师的教学技能,优化了学生的学习体验。

三、课堂教学改进案例

课堂教学的改进可以从课堂教学的构成要素,如学习活动的设计、教学方式的选取、教学效果的评价等方面进行思考。

（一）活动设计改进列举

"活动"设计要有"目标"导向的意识。每一位教师都应该认真研读《2022版课标》，并对学情进行具体、到位的分析，精准确定教学目标，在此基础上进行目标导向的活动设计实践。

1. 活动设计存在问题

在目前初中物理教学活动设计中，普遍存在着活动设计不符合学生的认知、缺乏目标导向的意识或有意识但活动设计缺乏基于目标的方法等实际问题。

(1) 活动设计脱离学生认知实际

案例一：机械运动(1)

① 教学目标：知道机械运动。

② 活动设计：观察"哥德堡号"下水照片，判断船是运动的还是静止的，讨论后得出机械运动的定义。

该案例中的"哥德堡号"是瑞典在大航海时期最著名的远洋商船，曾三次来到中国广州，在第三次从广州返回瑞典哥德堡港的过程中触礁沉没于离港口约 900 米的海面。虽然该船见证了"古代海上丝绸之路"的兴盛场景，但是至今已 200 多年，对学生而言太过遥远，很显然，该活动的设计与学生生活严重脱节，无法激起学生的学习兴趣与共鸣，并不是达成教学目标的有效活动设计。活动设计的原则之一是贴近学生的生活和认知，因此教师在创设情境时要挖掘学生熟悉的资源或场景，在上述案例中完全可以用学生运动会或上学途中的真实场景，让学生通过判断理解什么是机械运动。

(2) 活动设计缺乏基于目标的意识

案例二：力的合成

① 教学目标：知道作用在同一直线上的两个力可以由一个力替代。

② 活动设计：观察、对比两队人拉车和一头象拉车（见图 2-1），以及两个小孩提水和一个大人提水（见图 2-2）。

图 2-1 对比(1)　　　　　图 2-2 对比(2)

在这个案例中，教师虽然知道课程标准规定在初中物理的学习中，"力的合成"只涉及同一直线上两力的合成，但是在达成让学生知道一个力可以等效替代两个力的作用时，所选择的图片却都是互成角度的两力，并不是目标所要求的"知道作用在同一直线上的两个力可以由一个力替代"。可见,教师在设计活动时并没有根据目标去选择相匹配的教学资源。这其实就是活动设计没有基于目标意识的一个典型表现。

(3) 活动设计缺乏基于目标的方法

案例三:大气压强

① 教学目标:知道大气压的存在。

② 活动设计:教师演示实验。

演示实验1:神奇的茶壶

演示实验2:底部钻孔的可乐瓶,拧紧盖子水不漏,拧松盖子水开始漏了

演示实验3:神奇的试管

演示实验4:被"吸"进去的茶叶蛋

演示实验5:覆杯实验

演示实验6:饮料瓶抽气

演示实验7:两个小吸盘实验

演示实验8:马德堡半球实验

案例四:声波的产生和传播

① 教学目标:知道声音是由物体振动产生的。

② 活动设计:学生分组实验。

第一组:纸片抖动

第二组:弹纸片

第三组:拉一下橡皮筋

第四组:拉橡皮筋(师:我能想出新的方法?这是新的方法吗?)

第五组:拉绳子

第六组:抽动绳子

第七组:拍打尺

第八组:用尺划梳子

第九组:梳头发?有声音吗?

第十组:弹手指

(最后,教师:按一下喉咙。我们总结一下,物体发声时都在做怎样的运动?学生:振动)

在上述两个案例中,教师在设计课堂教学时虽然能关注让学生多经历、多活动,凸显实验为基础的学科特色,但是显然在设计活动时缺乏基于目标的方法。先不说活动设计是否科学有效,仅过多的活动指向同一个目标这一点,不但无法突出重点、凸显活动的激趣功能,而且通过观察学生的反应发现还会导致他们的情绪从最初的好奇、兴奋走向无趣、麻木。因此,我们在设计活动时,应围绕已经确定的目标展开并进行合理的筛选,而不是将所有可以指向同一教学目标达成的现有资源或实验,不加思考地全部呈现于课堂之中。在听课时,往往会看到课堂中有很多实验和学生活动都是指向同一个教学目标的,但是细问执教教师为何要选那么多资源或活动只为达成同一个教学目标时,他们的回答往往是"因为都是在网上找到的现成资源,觉得都可以,所以没有仔细想就用了"。所以在进行活动设计时,教师必须

掌握基于目标导向的活动设计的方法,并不是活动设计越多就越精彩。相反,若过多的活动指向同一条目标,不仅会导致新授课时间分配不合理,还会让学生失去好奇心和探索欲。

2. 活动设计改进示例

活动创设最主要的功能是拉近学习内容与学习者之间的距离,激发学生的学习兴趣或认知冲突,让学生产生探究的欲望,从而积极、主动地参与到学习过程中。所以,我们在教学过程中要创设的活动,无论是视频、图片、动画,还是一个讨论的话题,都应该从学生的实际生活出发,这有助于学习兴趣的激发。

下文就"欧姆定律(2)"引入环节的几个不同活动,进行分析比较,从中体会如何进行有效的活动设计。

(1) 活动设计一:教师先让学生回顾电阻的概念,然后安排学生活动"用电流表、电压表测量未知导体A、B的电阻值",如图2-3所示。学生通过计算,得知两个导体阻值不一样。然后,教师提供给学生三根不同的导线,如图2-4所示,要求学生猜测影响电阻大小的因素。

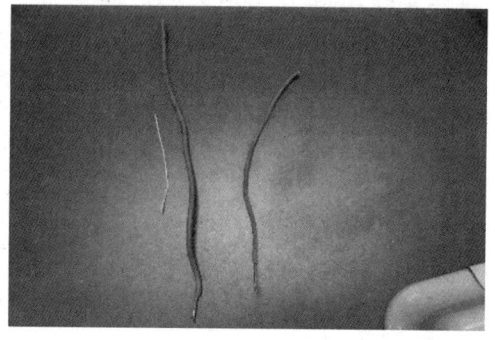

图2-3 导体　　　　　　　　　　图2-4 导线

上述活动涉及新旧知识之间的联系,其设计思路为:让学生运用上节课所学的欧姆定律知识,想办法测出未知导体的具体阻值,并从数据得知不同导体的电阻是不同的,由此自然引出"影响电阻大小的因素有哪些"这个问题,随后教师提供不同的导线让学生进行猜想。虽然这个活动看似很合理,但究其实质却存在不足。学生所测的两个导体,外观上除标注有A或B的不同外,其余都相同,对于它们的电阻大小为何不同,学生是没有办法进行猜测的。教师随后虽然提供了长短、粗细、材料不同的导线帮助学生猜测,但提供的三根导线除了可见的外观不同外,学生并不了解其电阻大小有何不同,因此他们的猜测只是在描述教师所提供三根导线的外观不同,并没有可靠的依据帮助他们猜测。因此,这两个子活动设计均有缺陷,且相互之间没有衔接。

(2) 活动设计二:教师让学生将所拿到的不同导体接入同一电路,如图2-5所示。观察小灯发光的亮暗有何不同,然后要求学生猜测影响电阻大小的因素。

上述活动首先通过将不同导体接入电路后小灯发光的亮暗不同,推理出流过小灯的电流不同,然后用欧姆定律知识分析,得出是连入电路的导体其电阻大小不同所致,最后过渡到对于影响电阻大小因素的猜测。

教师预先将长短、粗细、材料不同的导体发给了每组学生,因此在连入电路前学生已明确了解这些导体外观的区别,完成实验后很自然地就可以猜测出电阻大小可能和导体的长短、粗细、材料有关。这样的活动设计衔接自然,也为学生后续的猜测提供了有力的证据,效果很好。另外,用电路中小灯发光的亮暗去判断连入电路导体的电阻大小,虽然是间接的方法,但是学生总是愿意动手,也喜欢看到小灯发光的一刻,因此同样可以激发学生的探究兴趣。

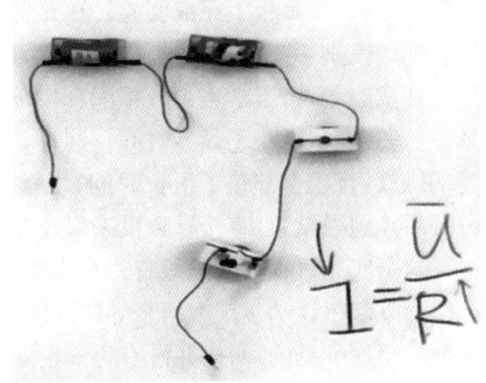

图 2-5 电路

（3）活动设计三：教师先让学生回顾电阻的概念,然后安排学生活动"用电流表、电压表测量不同铅笔芯的电阻值,再要求学生猜测影响电阻大小的因素"。

上述活动同样涉及了新旧知识之间的联系。在回顾电阻概念的基础上,学生运用上节课所学的欧姆定律知识,利用电流表、电压表测出教师提供的不同铅笔芯的阻值；经过计算得知不同型号的铅笔芯其阻值是不同的,然后进入猜想环节。铅笔是学生学习的必备品,这个活动让他们知道了它可以导电,而且能测出具体阻值,这样贴近学生生活的选择,有效激发了学生的探究兴趣,也让他们在活动中感受到物理学与生活的紧密联系。相比活动二,这个活动设计因为有具体数据支撑,可以让学生的猜测更具理性和深度,因为学生是测出了具体阻值后进行猜想的,所以有的学生提出了"不仅和长度有关,而且导体越长可能电阻越大"的合理猜想。

在上述三个活动设计中,三位教师还是很关注设计有效的情境作为课堂的引入,但是因为活动设计的差异,教学效果却大相径庭。活动的设计除了要关注激趣、启发功能外,教师还要想明白这个活动到底可以起怎样的作用。从这个角度而言,上述三个案例中,第三位教师的教学资源选择更合理,活动设计更有效,更有助于达成教学目标和激发学生的探究兴趣。

（二）教学方式选择列举

教学方式的选择,除了体现在教师对同一活动的不同处理方法外,还体现在对于整体课堂教学方式选择的差异。

1. 教学活动实施方式

即使同样的活动设计,由于教师执行方式的差异,其设计效果也会出现很大反差。仍以同一个备课组成员集体备课的"欧姆定律（2）"引入环节为例,分析如下。

【导入活动】演示实验"在同一电路中接入不同导体时,观察灯的发光亮暗",引出探究主题。实验电路图如上述图 2-5 所示。

导入活动的目的,是要让学生观察到"将长短、粗细、材料不同导体连入同一电路时,小灯发光的亮暗是不同的"这一现象,感知这些导体的电阻值是不同的,从而为后续环节猜测"影响电阻大小的因素"提供依据。

【A 教师】邀请一位学生到教室前,利用磁性演示器材,相互配合分别将铅笔芯、不同的电阻丝连入,在黑板上完成实验。在此过程中,教师要求学生"远距离"观察自己拿在手中的导体间的差别,并由此猜测出影响电阻大小的因素。

在实验中,由于学生与教师配合生疏,铅笔掉落后笔芯内部可能断裂,从而导致实验失败,处理突发状况花了很多时间。同样,在将不同的电阻丝接入电路时,还是因为合作不默契的缘故,每次也都花了很长时间。最终,原本应该控制在5分钟之内的引入环节用时12分钟后才勉强结束,直接导致没来得及完成课堂教学内容。

这个实施过程其实是只有一个学生参与的演示实验。在每一次导体连入电路前,教师虽然会举起手让学生观察两个导体的区别,但是由于电阻丝非常细且短小,大部分学生是看不清甚至看不见的,所以并没有为学生提供很好的猜测依据。另外,由于在合作过程中师生配合不够默契,实验过程花了很多时间,才导致整堂课教学内容未能完成。

【B教师】直接将不同的导体提供给每组学生,让他们先观察导体外观差异,然后合作将导体连入电路,观察小灯发光亮暗的不同。分别有四组学生上去实验,每组两人分工合作,一位负责将导体连入电路,另一位负责闭合开关,并说明观察到的实验现象以及由此得出的初步结论。在整个过程中,教师只在学生遇到操作困难时适时点拨、提醒。这一环节用时5分钟完成。

这是一个全体学生参与的引入活动。教师预先将不同的导体发给每个小组,让学生对所拿到导体的长短、粗细、材料有了最直接的感性认识,然后通过本组同学的演示,感知了它们电阻值的差异,为后续猜测环节提供了可靠的依据。在演示环节,每组学生合作默契,操作、现象描述、结论推理等活动一气呵成,不仅锻炼了学生的动手、表达能力,而且潜移默化地培养着相互合作的意识。

又如沪教版初中物理教材八年级第二学期"机械功"一课的学习活动卡上有一个阅读和尚建庙的故事后回答问题的活动,有的教师是作为课堂教学引入环节的,有的是在学完机械功后作为应用环节的。那么这两种教学方式到底哪种好呢?首先,生活中其实已经不存在和尚这样建庙的真实情境了,所以如果说这是从学生的生活实际出发显然不切实际,但是观看教师制作的和尚建庙的动画,对于八年级的学生来讲还是很有吸引力的,因此这个活动作为引入可以激发学生参与课堂的热情和解决问题的兴趣,因为他要帮助老和尚解决难题,会有小小的成就感。但如果作为应用环节的问题解决,建议更换成发生在学生生活中的真实情境,这样才能让学生感受到物理知识在生活中的应用价值。

2. 几种课型实施方式

初中物理涉及新授课、复习课、习题课、试卷讲评课等多种课型。在不同课型中教师教学方式的选择不同,同样也会导致不一样的教学效果。

(1) 复习课教学方式

以单元基础知识复习为例,有的教师喜欢自己一讲到底,复习课变成了旧知识的堆积课,教师的"讲"几乎一统课堂,学生像收录机般机械地"听"和"记"。这样的教学方式虽然达成了对单个知识点的强化训练,但缺乏引导学生自主建构知识的意识和做法,零散知识的复习就像让学生在没有看过完整图像的情况下去完成拼图游戏。教师自身存在这种结构化教学观念的淡薄,不利于帮助学生养成将所学知识结构化的习惯,不利于激发学生的学习兴趣和主动性。学生综合运用知识分析和解决问题的能力难以得到培养。而有的教师就会更关注复习课的知识建构功能,采用让学生自主复习的方式,让他们在做中讲、讲中练、练中悟。

例如,在进行"电路"和"光"单元的复习时,有教师鼓励学生大胆创新,用自己喜欢的方式完成知识建构,让学生以自己原有的知识经验为基础,对新信息重新认识和编码,建构自己的理解,此过程中学生原有的认知经验因为新知识的进入而发生调整和改变,这也正是复习课需要实现的教学目标之一。学生们对于这样的复习形式表现出极大的兴趣,他们的作品不仅形式多样、创意无限,同时也拓宽了教师的教育视野。部分作品如图2-6所示。

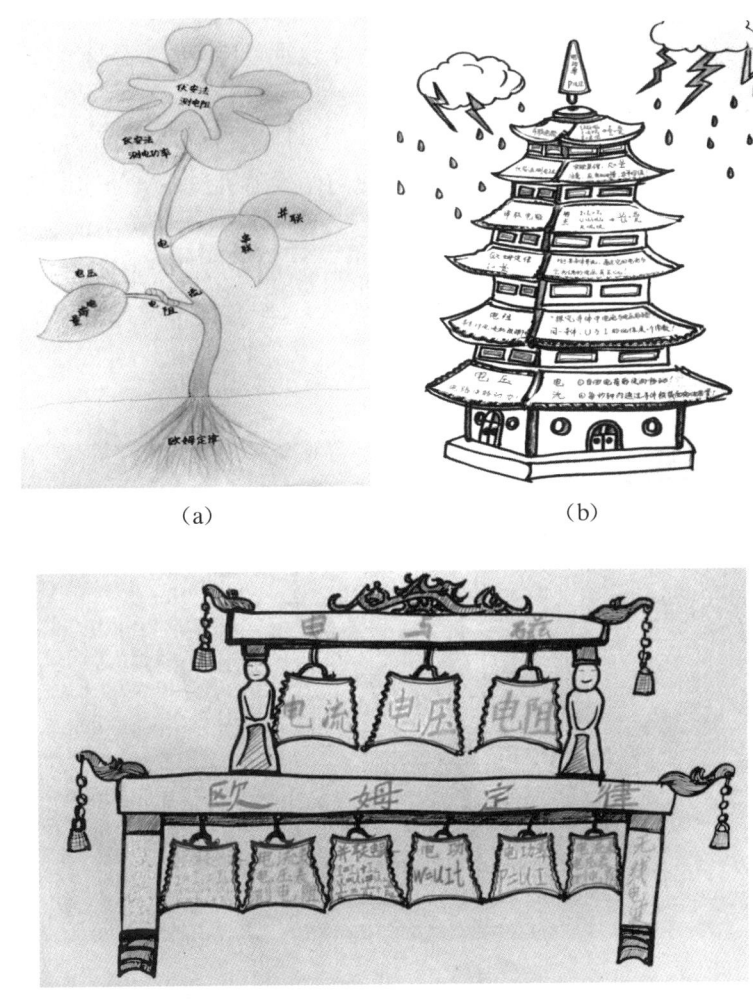

图2-6 学生作品示例

思维导图、概念图和知识树等都是体现思维过程的有效工具,它们是简单又有效的"符号",能够全面、生动地表达设计者的思维。不过,对于知识点庞杂的单元复习,如果让学生在课内画知识树,显然不可取,教师可采用作业的形式让学生在课前完成,在课中进行交流和分享。在展示学生作品的过程中,可让学生之间相互点评,鼓励他们说出评价的依据或理由;教师要从不同的角度发现每个作品的美,引导学生相互借鉴、不断完善。经常运用"符号"传达意义,对于学生创造性思维的培养、问题解决能力的提高等方面都会产生潜移默化的积极影响。

另外,板书设计是教师必备的教学基本技能,在体现学科知识的基本逻辑和结构方面具有其他教学方式不可替代的作用。结构化的板书是以单个知识点为基础,以建立知识体系为目标,充分体现各知识点联系的一种板书形式。在单元知识的复习课中,若将学生的生成机智地融入板书设计,必能激发学生的学习热情,提高学生学习的主动性。板书逐步"结构化"的过程,正是帮助学生学会自主建构知识、养成自主建构习惯的过程。

例如,沪教版初中物理教材八年级第一学期"运动和力"这一单元中有许多零散的概念和规律,学生即便能理解这些概念和规律,记忆起来也十分不易。原华东师范大学松江实验中学胡俊老师在执教这一单元复习课时,先以几段学生熟悉的情境为载体,如学生自己的运动会、奥运会中刘翔比赛的视频、前沿科技领域中的运动、贴近学生生活的各种运动事例等,引导学生观察、讨论,并罗列出相关知识点。他则将学生随机列举出的知识点有序地记录在黑板上特定的位置,再经过学生之间的交流补充,逐步形成结构化板书的雏形,再进一步引导学生观察、分析板书内容(见图2-7),引导他们把握章节知识的整体性。学生很快发现,原来所学的这些知识点之间是一个相互关联的整体,这个整体框架不仅体现了物理学科的美并且能大大提高记忆的效率。

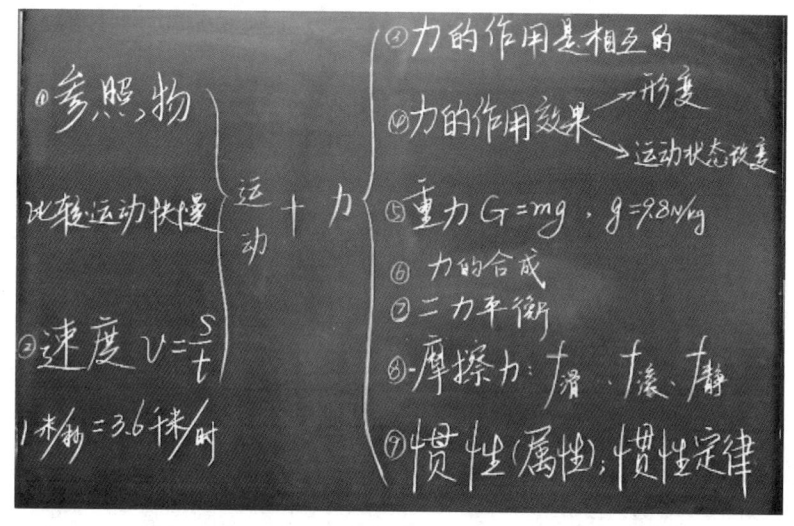

图 2-7 板书内容

就像"百花齐放春满园"一样,课堂教学如果只采用教师讲授的方式,不仅会让学生觉得枯燥,更会让学生丧失学习的兴趣,若能根据学生的心理特点和教材的内容,合理采用不同的教学方式,则可以让学生积极主动地参与到学习过程中,进而实现各种能力的培养。

(2) 习题课教学方式

在习题讲评过程中,教师要掌握完成答题所对应能力的分解,并帮助学生逐一掌握这些能力,要学会用学生能理解的话语进行讲解。因为学生出错的原因不尽相同,因此习题课的教学更建议让学生分析解题过程,教师才能在倾听的过程中找到问题的症结。

如某班在模拟考后又安排了"串联电路的动态变化分析"专题,原因是模拟考中这道题全班有一半学生做错。课一开始,教师就和学生一起复习了关于此类题的规范解题步骤,再次明确第一步为"正确判断串并联";第二步为"判断各电表所测的物理量";第三步为"判断滑动变阻器接入电路的有效电阻部分";第四步为"根据欧姆定律和串并联电路的特点进行正确判断"。这一环节过后的课堂即时检测环节,学生的答题准确率依然只在50%左右,与模拟考中这个班学生解这类题的得分数据几乎一样。为什么会出现这种情况呢?因为虽然学生能背出正确的解题步骤,但是每一个解题步骤背后都对应一种能力,如果学生没有掌握,就还是不会解题。其实,没有答对该题的学生,有的可能是因为不会正确判断电表所测的物理量,有的可能混淆了串并联电路的特点等。如果课中不给学生讲的机会,教师永远做不到有针对性地帮助学生查漏补缺。在教学实践中还发现,有的学生还会因为左右方向分辨不清,所以总是搞错滑片移动的方向从而导致解题出错。还有在"用电流表、电压表测电阻"或"测定小灯泡的电功率"的习题讲解中,教师一定要让学生了解,此类习题就是同一串联电路在几种状态下的简单计算,这可以帮助学生找到解题的突破口,化解解题焦虑。

由此可见,教学中如果只是告诉学生解题方法,那么就会出现学生一听就懂、一做就错的现象,必须要找出不同学生解题出错的症结所在,对症下药,才能取得习题课的效益。

(3) 试卷讲评课教学方式

传统的试卷讲评课,基本采取以教师讲授为主的教学方式,学生依然处于被动听讲的地位。与习题课一样,虽然不同的学生可能在同一考题中出错,但是出错的原因不尽相同。教师的讲解就是将正确的解题思路或解题步骤再强调一次,然后要求学生记住正确的解题方法,结果往往会发现下一次面对同样的考题学生依然会出错。

调查结果发现"对一个较难的问题,学生最希望的形式是教师把问题摆出来,让他们自己独立思考或通过同学间的相互讨论而获得解决。因为这样做印象会更深刻,不易忘记"。因此,试卷讲评课相比其他的课,在教学方式上更应该要淡化教师的讲,而要以培养学生自主学习、反思学习为主。通过自我纠错、小组合作、班级完善等教学活动的开展,帮助学生找出自己认知的盲点和误区,使学生真正成为试卷讲评课的主人。

在试卷讲评课前可让学生先自主完成订正。参与测试的过程中,学生难免出现因为审题不清、计算粗心或知识遗忘而导致的错误,因此课前的"自主纠错",可以让学生自己实现基础知识、基本技能的进一步夯实。为了让有些学生改掉因为审题不仔细或计算粗心而导致的失误,教师可以设计简单的表格,让学生逐题分析出错的原因和避免出错的方法,进一步强化自我纠错和自我反思的能力。

不能独立完成订正的学生在课中寻求同伴帮助。小组合作是课中学生通过同伴互助的形式,解决个人纠错所不能解决的问题。通过聆听同伴讲解,纠正部分学生对一些基本概念或规律理解的偏差,同时在与同伴的对比中认识到规范书写和审题严密的重要性。要确保这一环节的有效性,小组成员的分配尤为关键。虽然一般教师都知道小组合作的重要性,但按班级座位进行的分组合作往往不能保证实效。所以,教师应该根据学生的典型错误、讲评能力等进行合理分组,确保每一组中均有能帮助其他同学解决问题的学生,且组内不同学生能解决不同的问题,这样的分组小组合作才会有效。

小组合作不能完成订正的问题则由全班共同解决。通过课前自我纠错和课中同伴互助后,依然无法解决困惑的试题,就需要通过全班合作、教师引导的方式达成。这个过程可以分为两块,首先是汇总各小组不能自行解决的试题,然后寻求其他小组同伴的帮助。其次是当全班学生都无法做到清晰讲评时,则由教师进行点拨引导完成讲评。这样的讲评方式不仅提升了效率,还确保了讲评的针对性。

试卷讲评课还要关注反馈跟进的变式训练设计,以及讲评内容的延展。如对于选择题,不能只局限于正确选项的分析,选项之间往往具有较强的干扰功能,因此讲解时更要关注学生对其他选项的分析,提升辨析能力,强化概念规律的理解。对于一题多解的试题,教师可以鼓励学生多方位、多角度地思考问题,这有利于帮助学生拓宽解题思路。有些典型试题,可以通过改变或添加试题的条件或结论,帮助学生理解问题本质。如电学计算题,可以通过增加或减少电表以及改变滑动变阻器的规格,来改变保障电路安全工作的条件,让学生了解此类题的重点,就是要在各种用电器规格中寻找确保电路正常工作的关键数据。这样由浅入深、由易到难、由表及里的试卷讲评课教学,可以达到举一反三的目的。

(三)教学评价列举

在当代课堂教学论看来,以激励肯定和表扬为主的激励性评价是一种激励学生不断进步的强有力的手段,是促进学生身心发展的"催化剂"。绝大部分的课堂评价是教师针对学生学习过程的评价,是给予学生的及时反馈,促进学生不断改进学习过程、优化学习方式,激发学生的学习兴趣,树立学生的学习自信。

如在"磁场对通电导线的作用力"一课中,教师在用U形磁铁、导轨演示了磁场对通电导线有安培力的作用后提出一个问题:"请大家猜想一下安培力的大小与哪些因素有关"。在等待了足够长的时间后因无人主动回答,于是教师采取点名回答的方式,让三位学生依次完成回答与补充。

甲同学:我猜想安培力的大小与磁场的强弱、导线的材料、导线的长度、导线两端电压的高低以及电流的强弱等因素有关。

乙同学:在和小组同学讨论后,我们一致认为甲同学的回答基本正确,但影响安培力大小的应该只有磁场的强弱、导线的长度和电流的强弱这三个因素,理由是导线的材料、长度可确定电阻,导线两端电压的高低和电阻可确定电流的强弱,因此导线的材料、导线两端电压的高低这两个因素与电流的强弱重复。

丙同学:我们小组同学认为安培力的大小可能还跟磁场与通电导线的空间位置有关系,因此猜想安培力的大小可能还跟通电导线与磁场夹角的大小有关。

如果教师对甲同学、乙同学、丙同学的评价分别为"你的回答太啰嗦,有重复,而且不完整""你说对了一部分,但不全面,以后要学会全面考虑问题""你补充得有道理,但只是在别人分析的基础上才敢提出自己的看法,今后要学会大胆发表自己的意见"。试想,学生听到这样的评价后心里会如何反应?在后续的教学环节他们会积极参与吗?这节课的教学效果会如何?今后他们会如何对待物理学习?

而如果教师这样评价:"甲同学的回答基本正确。说明他观察很仔细,并能联想到已学过的知识积极思考""乙同学所在小组能认真讨论,乙同学能主动反映大家的意见,分析也很有条理,使甲同学的回答更趋合理""丙同学的回答说明丙同学积极参加了所在小组的热烈讨论,并敢于大胆猜想,从而使甲同学、乙同学的回答更加完整"。接着教师对三位学生的回答进行综合点评:"物理学中很多重要的发现都源于大胆的科学猜想,其中有些猜想并不一定正确,只是很多科学家都能坚持探究,在不断修正、补充前人研究的基础上,最后获得成功。当然,猜想是否正确还得经过严格的科学实验验证。今天,甲、乙、丙三位同学相互补充、完善,最后也得出了比较全面的猜想,但他们的猜想是否符合实际,我们还是要通过实验来进行检验。此外,虽然今天只有甲、乙、丙三位同学发言,但代表的是全班同学都积极讨论的结果"。相信在这样富有温暖、激励性的评价之后,全班学生都会积极投入下一个环节的实验探究,也相信在后续的物理学习中学生也会积极思考、大胆表达,在爱上物理课堂的同时爱上物理课程。

第三章

公开课教学设计

第一节　课堂教学设计

课堂教学是为了满足集体授课需求而实施的一种教学形式。课堂教学设计是教师基于学科课程标准、教材内容和学生实际，为了达到特定的教学目标，对教学的内容、流程、活动、资源以及评价等进行预设的教学实施计划。

一、课堂教学设计概述

课堂教学设计的主要目的在于优化学生的学习体验和提升教与学的效能。

（一）课堂教学设计的概念界定

课堂教学设计的概念源于20世纪60年代，它是当时学校为了更好地达成教学目标而开发的一种教学技术。有学者将教学设计界定为"建立在教学这一科学基础上的技术"，但因为课堂教学本身既是科学也是艺术，所以这种技术在教学中无法实现简单的复制。

课堂教学设计是一种提升教学针对性和学习有效性的教学技术，它以教师为主导，以学生为中心，以实践为基础，以促进学生的有效学习为目的。课堂教学设计是课堂教学实施的框架和依据，它体现了教师对教育理念的理解，能充分反映教师对课程内容、教学方法、教学手段以及所教学生实际能力的了解程度，是教师更好实施教学的重要保证。

在进行课堂教学设计时，教师首先需要认真研读学科课程标准和教材内容，再结合自身的专业知识和教学技能，以及学生年龄特点、学习能力和实际水平，对教学目标、教学流程、教学活动、教学评价等要素进行系统地预设；它的核心目标是实现教与学路径的最优化，通过设计合理的教学活动，让学习者在真实的体验中取得最佳的学习成果。总而言之，实施课堂教学设计的过程是教师明白教学内容的过程，也是教师思考并解决如何在教学内容和学生之间架起合适的桥梁，让学生明白教学内容的过程，更是教师思考通过采用何种有效的教学方式，让学生更容易明白教学内容的过程。课堂教学设计不仅体现了教学的科学性与严谨性，还体现了教学的艺术性和个性化。

（二）课堂教学设计的意义

课堂教学设计是构建高效学习环境的关键，是确保教学过程取得成效的基础。在完成课堂教学设计的过程中，能够帮助教师精准把握课程标准、教材内容和学生实际，掌握目标导向的活动设计方法，实施有效的教学评价检验目标的达成度，并在反思改进中提升课堂教学综合实施能力。

1. 提高课堂教学效率

精心设计的课堂教学不仅能提高学习效率，也能显著提升教学的实际效果。在课堂教学设计过程中，教师首先需要研究学科课程标准和教材内容，精准把握教学重难点，合理确定教学目标，有效设计教学活动，并充分思考和设计教学实施的环节，以提高教学的效率。其次还需要认真分析学生现有认知水平，按照最近发展区理论合理安排教学活动，调整教学目标、内容和步骤,从而减少学生思维障碍,提升学生的学习效率。通过对教学的目标、内容和活动进行有效规划,可以使课堂中每一分钟都被充分利用,以充分支持学生的学习过程。此外,教学效率的提升还体现在通过使用多样化的教学策略和方法来满足不同学习风格学生的需求,并让他们获得个性化的学习体验。

2. 提升教师专业素养

课堂教学设计呈现在教学任务、教学目标、教学重难点、教学思路设计、教学流程图和教学过程等方面。设计任务会驱动教师认真研读学科课程标准和教材,分析学情,创新设计教法与学法,从而提高教学水平。课堂教学设计也是教师将理论与实践相联结的纽带。教师可通过教学设计,把先进的课程理念或教学理论具体应用于分析教学内容和学生状况,指导教学活动设计和安排;又在教学实施中检验设计的可行性,通过教学反思积累理论应用实践的经验,反过来完善教学设计,从而进一步提升教学水平。课堂教学设计要求教师掌握和应用各种教学策略和技术,从而提高教学效果,这个过程促使教师不断学习新的教育理论,探索更有效的解决教学问题的方案,保持教学活力和创新热情,不断提升教学技能。因此,课堂教学设计不仅对学生的学习成效有重大影响,也是教师专业发展的重要驱动力。教师通过参与课堂教学设计的过程,能够不断充实自己,丰富专业知识,增强业务能力,挖掘和扩展教学技能,促进个人职业成长。

3. 促进理论联系实践

教师所进行的课堂教学设计架起了教学内容与学生实际的桥梁,同时将教育教学理论与教学实践紧密连接起来。教学设计中,完成教学任务分析、学情分析、目标制定、活动设计、策略选择和评价设计等步骤,就是教师将教学理论转化为具体实施方案的过程,用教育教学理论指导教学实践,为课堂教学设计提供了科学性依据。教学设计中的每一个环节都有相应的理论支撑,是课堂教学科学性的根本保障。教师又会根据实际情况调整和完善教学设计,从而使教育教学理论更具可操作性,可以更好地指导教学实践,实现教育的可持续发展。

进行课堂教学设计的意义或价值是多方面的,可以助力教师明确教学目标、提升教学效率,可以满足学生的多样性需求,促进学生的深度学习,还有助于教师反思与改进教学等。总而言之,课堂教学设计能够提高教学质量,优化学习体验,促进教师专业成长,并且最大限度地满足学生的个性化学习需求。

(三)课堂教学设计的原则

1. 体现学生中心

进行课堂教学设计必须以学生为中心。无论是教学目标的制定还是教学活动的设计,都应基于学生的最近发展区。教学目的应指向提升学生的学习兴趣和学习能力。教学设计要根据学生的学习情况灵活安排教学活动,调整教学步骤、教学内容,以保证教学质量。活动设计需要重视学生的参与,利用多种教学方式引导学生有效参与课堂活动;要让学生发表自己的观点,及时纠正学生的错误,引导学生归纳总结所学知识,以增强学生的自主学习能力。教师还应高度重视评价,及时提供反馈并予以正确的指导,充分激发学生的学习兴趣,让学生能够更加认真地学习,增强学习效果。教学内容的选择,要贴合学生认知的实际水平,难度和容量应符合学生的接受能力。

2. 强化目标导向

进行课堂教学设计必须体现目标导向的原则。将目标导向原则贯穿于课堂教学设计的全过程,可以确保目标、内容、活动和评价的一致性,提升教学的针对性和有效性。有了明确的教学目标,可以使教师自己和学生都能清楚了解教与学的任务和要求。而根据所确定的教学内容完成目标导向的活动设计,能确保教学流程的每一个环节都围绕教学目标展开和推进。为了检验教学目标的达成度,教师在教学设计时需要精心预设每一环节的评价内容,课中要根据目标的达成情况,及时持续地动态调整教学节奏,确保教学的有效性。另外,教师还要在课堂教学设计时,选择贴合学生身心特点并有利于教学目标达成的教学策略,引导学生积极参与学习过程,提高学生的学习兴趣。

3. 凸显评价激励

课堂教学设计时应预设与目标相匹配的评价内容,在课堂实施中及时获取学生的反馈信息,以便对教学进行及时调整。教学评价要充分体现激励性原则,关注过程性评价和发展性评价;同时注重评价维度的多元化,采用教师评价、同伴互评和自我评价等方式,帮助学生了解自己真实的学习情况,自主调整学习策略。教学评价既要关注学生的学习成果,又要关注学生的学习过程和学习潜力,通过有温度、个性化的评价,激励学生不断进步,帮助学生提升学习过程中的获得感与成就感,树立学习自信并促进学生全面而健康地发展。当然,教师也可以通过评价所反馈的信息,了解学生的学习状况和需求,进而调整教学内容或教学策略,提高教学的有效性和针对性。

4. 注重学科特色

观察和实验是物理学研究和学习的基础,物理学的很多研究结论和成果都是通过实验得出的。实验是物理研究的根本,物理课程学习要达成核心素养培育的目标,需要教师创设有效的活动,让学生亲历物理学家的研究历程,才能更好地理解物理知识的形成。物理实验教学对形成概念、规律有着不可替代的作用,而且物理学科的学习不仅仅是知识的学习,更是物理核心素养的培育,其中科学思维能力和科学探究能力的培养都需要依赖物理实验进行。另外,物理实验现象展示出的思维冲突或震撼效果,能提升学生的学习兴趣,让学生感受物理学的魅力,同时学生实验是培养学生实验技能和素养的重要手段。

二、课堂教学设计体例

一份规范的课堂教学设计可以帮助教师更好地落实教学要求、把控课堂节奏,并在实践中发现预设和生成的落差;可以提供教师反思、改进、再反思、再改进的实证依据,也是教师之间交流切磋的有效工具。关于初中物理课堂教学设计的体例,主要从规范表述的角度阐述如下。

(一)教学任务分析

教学任务分析是指教材分析、学情分析,以及教材内容与学生实际之间联系的分析。

1. 教材分析

教材即用于教与学的材料,课堂教学设计中的教材分析,主要针对教材及配套学习活动资源。

教材分析注重教材内容的逻辑结构和相互联系,一要指出教材内容中的知识结构,阐明有关知识与技能在教材体系的地位与作用;二要指出形成本节知识的前提条件,阐明本节知识与前后知识的联系。

2. 学情分析

学情分析侧重于分析学生原有的知识基础、学习能力、学习态度等。心理学研究表明,学习者对某项学习所具备的知识和技能，以及重视和了解程度，是决定教学成败的关键因素。

进行教学设计时，要根据平时积累的经验和对学生已有的了解，包括任教班级学生参与学习时所具有的心理特点和起点能力等相关证据，以及他们参与特定学习任务时的基础与技能，在学情分析这一环节进行整理。此外，还要特别关注学生的生理、年龄、心理特点以及爱好等，这样创设的情境或设计的活动才能贴合学生的实际认知，激发学习兴趣。

学情分析的表述包括两个方面：一是指明学生的心理和思维特点，着重说明学生的身心状况和认知发展的特点，要阐明学生参与学习的初始状态，比如学生的认知结构特点、学习水平、从事某项学习的知识和技能的储备状态等；二是指出学生原有的认知结构对于新知识的学习会有怎样的影响。

3. 教材内容与学生学情的联系分析

作为课堂活动的策划、组织和引导者，教师需要根据教材特色和学生实际，结合学校的教学资源和自身教学风格进行课堂教学设计。同样的教材内容往往会因为学生的实际差异而导致不一样的呈现方式，如教学过程中需要重点解决的具体问题可能会不一样，课中引导学生的方式可能不一样等。有的教学内容在能力较强的班级中可以用一课时完成，而在能力相对薄弱的班级中可能需要两课时才能完成。就如现行的上海高中物理教师用书中，只给出了单元教学课时建议，至于教学内容的处理，则完全需要教师根据班级学生的情况，进行个性化的实践。除了要精准分析、把握学情外，教师还要研究物理学科的教学规律和学生学习规律，这些都是课中指导和帮助学生学会学习的依据。教学设计中的这部分内容主要是阐述清楚针对教学内容和学生特点所采用的教法和学法。

示例："电压 电压表"教学设计中的教学任务分析

本节课是第七章"电路"第一节"电流 电压"的第二课时，主要内容包括电压的初步概念和电压表的使用等。电压是初中电学的基本概念之一，正确使用电压表是学生必须具备的基本实验技能。本单元的核心概念为欧姆定律，学习欧姆定律时需要学生会正确使用电压表和电流表，因此本课学习是后续学习欧姆定律的重要基础。

在七年级科学课中，学生已经初步学习了简单电路的相关知识，但并没有对电流、电压概念进行较为深入的学习。通过前一课时对电流的学习，学生已经知道金属导体中有大量脱离原子核束缚、可以在原子核外自由移动的带负电的自由电子，也知道在电解液中有大量可以自由移动的正、负离子，为本节课电压概念的学习作铺垫。同时，前一课时电流表使用的学习为本节课学习电压表的使用奠定基础。

本节课首先通过"制作伏打电堆"的活动引出新课；然后通过观察电压与水压类比的演示实验，得出电压的初步概念；随后联系生活实际，知道电压的单位及一些常见的电压值；接着，以"测定伏打电堆的电压"为驱动，学习电压表的使用：学生借鉴学习电流表使用方法的经验，摸索总结电压表的使用方法，形成电压表使用说明，并用电压表测量伏打电堆的电压及电路中小灯两端的电压。

本节课的学习强调学生的主动参与，在实验、讨论、交流的过程中知道电压，感受类比、归纳等认知事物的科学思维方法，感悟合作学习的重要性，逐步养成严谨认真、实事求是的科学态度，激发勤于观察、善于思考、敢于质疑、学以致用、勇于实践的科学探究意识和能力。

（二）教学目标和教学重难点

1. 教学目标

经历教学任务分析，明确教学要求、教材内容、学生学情后，就要对课堂教学目标进行设计。教师制定教学目标时，既要把握内容结构，又要兼顾学生的差异。《2022版课标》中明确指出"义务教育物理课程旨在促进学生物理课程核心素养的养成和发展"，因此教学目标要指向课程核心素养的培育，即学生经历物理课程的学习后在物理观念、科学思维、科学探究和科学态度与责任四个维度上可以得到哪些提升。所制定的教学目标，要包含物理课程核心素养的四个维度。

教学目标表述有以下要求：第一，核心素养的四个维度是不可分割的有机整体，它们相互联系、相互促进，教师可根据教学内容的侧重维度，将教学目标按物理观念、科学思维、科学探究和科学态度与责任四个维度分开书写，也可以进行整体阐述；第二，教学目标要能恰当地描述学生的学习结果，需要用符合课程标准表述要求的行为动词指明学生要达到的学习水平，而且行为条件要清晰，比如对于经历一个学习过程后达到的目标，要写清具体经历什么过程、通过什么活动等。

2. 教学重难点

教师完成教学任务分析以及制定教学目标后，根据达成教学目标的需要，将课程资源以及教材中的内容重新选择、组织和加工，使之成为具有活力、契合实际的教学过程实施材料。在教学内容的设计中，要明确教学的重点和难点。

教学重点是指最能体现教学目标价值的教学任务。教学重点一般为单元核心概念、规律，或是对单元内容的学习起着较为重要的作用，是课程标准规定的学生必须掌握的基础知识或基本技能。教学重点是学科课程标准的要求，因此相同教学内容的教学重点应该是一致的。

教学难点是指学生在学习过程中可能存在疑难或者容易产生困惑的地方。教学难点的确定，通常是基于教师对学生现有认知水平与教学预期水平的差距所作的分析，或是根据以往的教学经验、学生的真实反馈所作的判断。教学难点可以和教学重点相一致，但由于教学难点的确定与学生学习实际相关，因此同一教学内容在不同学校、不同班级所制定的教学难点可能是不同的。

3. 教学资源

教学资源一般是指在完成教学实践任务中，学生学习和教师施教需要用到的资源，比如教师制作的多媒体资源、各种实验器材、移动终端、网络环境等，可从教师教学和学生学习两个方面罗列。

示例："电压 电压表"教学设计中的教学目标、教学重难点和教学资源

（1）教学目标

① 通过观察"水压形成水流"和"电压形成电流"的类比实验，认识类比的科学方法，知道电压，知道一节干电池的电压与上海地区家庭电路的电压。

② 通过将"电流表的使用"的技能和方法迁移至"电压表的使用"的学习过程，学会用电

压表测电压,感受比较和概括的学习方法。

③ 通过"制作伏打电堆"的活动,体验科学研究的乐趣,激发学习物理的兴趣;通过分组实验制作伏打电堆及测量电路中的电压,感悟合作学习的重要性,养成严谨认真、实事求是的科学态度,通过了解人体的安全电压值,关注安全用电的问题,懂得珍爱生命。

(2) 教学重难点

① 重点:电压表的使用。

② 难点:理解电压的概念。

(3) 教学资源

① 学生学习资源:锌片、铜片、吸水纸、饱和食盐水、电压表、电流表、电池组、开关、小灯泡、灯架、学习活动卡等。

② 教师演示资源:自制PPT课件、电解液、铜片、锌片、自制灯架、自制"水流形成"和"电流形成"演示器、简单电路板等。

(三) 教学设计思路

教学设计思路是指要达成教学目标所采取的教学实施路径,还要说明突出教学重点、突破教学难点的方法,以及完成教学设计所需的课时。初中物理教学,主要以"情境—活动—应用"或"情境—探究—应用"为基本流程。

教学设计思路主要包含三个方面:一是阐述整堂课所包含的教学内容和教学设计依据,描述教学脉络,即各环节的处理方式,注重操作性;二要详细说明突出本节课教学重点的方法,其方法主要可以基于物理学科的教学规律;三要详细说明突破本节课教学难点的方法,其方法主要可以基于学生学习物理知识的学习规律。

关于突出重点的方法,通常将实验作为载体,可以是有趣又震撼的大型演示实验,也可以是需要学生亲自动手完成的学生实验,强调要让学生经历真实的体验过程,在实践中思考并解决物理问题,内化物理概念或规律。另外,突出重点也可以通过板书的巧妙设计,将本节课的重点内容置于最醒目的位置,并且核心知识的内涵和外延从板书上一目了然。突出重点还可以从课题例题或是问题解决着手,通过完成一道经典的例题或一项具有挑战性的任务,加深对重点知识的理解和应用。

关于突破教学难点的方法,先要明确一节课的难点可能是教学内容本身有一定难度,也可能是学生自身的认知水平或思维能力难以顺利完成预设的学习任务,因此要先确定导致难点的原因,再说明如何突破。突破难点的本质是厘清学生现有认知水平和目标认知水平之间的差距,为学生搭建好达成目标认知水平的"脚手架",帮助学生逐步缩短两者之间的差距,化难为易。搭建的"脚手架"可以是由浅入深的问题链设计,或者是兴趣激发式的活动设计,也可以是实验器材改进,或者化抽象为形象的现象剖析等方式。

示例:"电压 电压表"教学设计中的教学设计思路

本节课的主要内容分为两个部分:一、电压的概念;二、电压表的使用。

本节课的基本思路是:首先通过"水压形成水流"与"电压形成电流"的演示实验类比,构建电压的初步概念;然后,通过"制作伏打电堆"激发学生的学习兴趣,以"测量伏打电堆的电压"为任务驱动,经历小组合作、自主学习电压表说明书的过程,学会正确使用电压表测量电压的方法,并测出伏打电堆的电压及小灯两端的电压。

本节课要突出的重点是"电压表的使用"。方法是:① 任务驱动,激发兴趣。以"测定自制伏打电堆的电压"为任务驱动,激发学生学习电压表的兴趣,并最终测出其电压,练习电压表的读数能力,进一步理解"电压表能接在电源两端"。② 阅读文本,自主学习。让学生结合学习电流表的经验,带着问题阅读教材,自主学习电压表的使用方法。③ 合作实验,实践应用。学生合作完成用电压表测"伏打电堆"的电压、测量小灯两端的电压,反复操练学会正确使用电压表。

本节课要突破的难点是"理解电压的概念"。方法是创新教具,助力理解:利用自制"水流形成"和"电流形成"演示器,将"电压"与"水压"进行类比,将电源提供电压促使电子定向移动形成电流的微观过程变得可视化、形象化,帮助学生理解电压的概念。

完成本教学设计需要1课时。

(四) 教学流程

教学流程是教学实施流程一种简约的表达形式,它以"教学流程图"的方式进行阐述,并配上相应的流程图说明,能够非常直观、简约地展示出一节课的活动环节设置、活动内容安排以及教学结构。

上海市的初中物理教学设计一直强调规范性,所以教师们对约定的特殊符号在教学流程图中的使用已达成共识。以下三个特殊符号就是在教学流程图中常用的:"◇"表示情境、问题或活动;"○"表示重要物理现象、概念或规律;"□"表示次要物理现象、概念或规律。教学流程图中的虚线用于显示教学环节的分割。

教学流程由教学流程图和教学流程图说明两个部分组成。教学流程图是教学主要环节的图示说明,是对于教学设计思路与结构安排简约而直观的反映。教学流程图说明是教学流程图中各环节内容的详细说明与补充,便于教师了解各环节具体的实施内容。这两者的配合使用使教学设计中教学环节的呈现简单明了,而每一环节的具体内容又能够很方便地获得。

示例:"电压 电压表"教学设计中的教学流程

(1) 教学流程图(见图3-1)

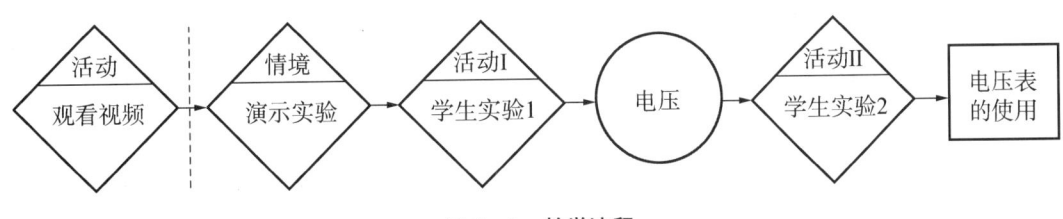

图3-1 教学流程

(2) 教学流程图说明

① 活动:观看视频

学生观看翻转课堂"电池的产生",利用所给器材在家制作伏打电堆。

② 情境:演示实验

借助自制"水流形成"和"电流形成"演示器,类比水压形成电压的初步概念。

③ 活动Ⅰ:学生实验1

制作伏打电堆使小灯发光,知道是伏特制成了世界上第一款电池,电压的单位为伏特。

④ 活动Ⅱ:学生实验2

阅读教材,对比电流表使用说明,总结电压表的使用方法;使用电压表测量伏打电堆的电压、电路中小灯两端的电压。

（五）教学过程

教学过程就是根据教学预设,阐述教学环节、教师行为和学生行为,并说明各主要环节的情境、设问及师生活动内容等。

首先,情境的创设要基于学生认知实际,有助于激发学生的学习兴趣和探究热情。创设的情境与展开的教学活动要有紧密联系,要根据教学实际需求创设有效的教学情境;要充分利用创设的情境激发学生的思维,引导学生发现问题或产生认知冲突,然后通过简洁明了的"设问"和"讨论"来展开学习环节。

其次,活动的设计应遵循目标导向原则,同时需考虑能有效地突出重点和突破难点。重点活动的设计应体现下列要求:① 活动主题明确;② 活动设置由目标决定;③ 教学流程中通常有多个活动,每个活动都是流程的有机组成部分,注意体现活动衔接间的递进关联;④ 活动量适宜,关键教学内容的活动量可以多一点。

另外,学生行为中要体现学生该如何参与学习,如以什么形式参与、参与到什么程度等。课堂如果没有预设的教学设计是不负责任的,有了预设却没有生成的课堂是不精彩的,教师在教学过程设计中,除了要有学生行为的预设,也要提前思考学生课堂生成的应对,从而不断提升教师的课堂应对智慧和策略。

示例:"电压 电压表"教学设计中的教学过程(见表3-1)

表3-1 教 学 过 程

教学环节	教师活动	学生活动
引入	提前一天发布预学习视频《电池的产生》,并布置制作类作业	在家观看视频,利用所给器材尝试制作伏打电堆
环节一:水路类比电路	1. 呈现并介绍"水流形成"的演示器,并提问:当向一侧水箱中倒入水后,打开阀门时,猜猜有什么现象产生 2. 打开阀门,观察现象,并提问:叶轮转动一段时间后,为什么又停止转动了? 3.（1）教师总结:液面高度不一致,根据液体压强知识可知,叶轮两侧水压不一致,就形成了水流;（2）提问:有什么办法让水路中的叶轮持续转动吗?	1. 学生猜想打开阀门后,管中会形成水流,并带动叶轮机转动 2.（1）观察实验现象;（2）独立思考,并发现叶轮转动时,两侧水箱液面一高一低,当液面相平时,叶轮停止转动 3. 学生思考并猜想:向水箱中持续加水,或者用水泵将一侧水箱中的水灌入另一水箱

(续表)

教学环节	教师活动	学生活动
环节一：水路类比电路	4. 教师用水泵演示实验，提问：水泵的作用是什么？ 5. 呈现"电流形成"演示器，装上电池，小灯持续发光。提问：对比两套演示器，有哪些相似之处？追问：根据水流形成的解释方法，说说电流形成的原因（引出"类比"的方法）	4. 思考并回答：水泵持续提供水压，形成持续水流 5. 电池类似水泵、阀门类似开关、小灯类似叶轮；小组讨论并回答：电源提供电压，形成电流
环节二：电压的概念	1. 介绍电压、电池、科学家伏特、伏打电堆。提问：回忆说明简易伏打电堆是如何制作的，哪端是正极和负极？ 2. 介绍电压的单位、生活中常见电压、人体安全电压值，提醒学生保护自己、珍爱生命	1. 学生回忆后回答：准备铜片和锌片、在金属片之间加入滴有氯化钠溶液的纸片，多个叠加制成伏打电堆。铜片是正极 2. 学生理解电压单位、了解生活中常见电压
环节三：电压表的使用	1.（1）那么同学们的伏打电堆的电压是多少？如何来测量？需要用到电压测量工具——电压表。你能从器材中找出电压表吗？（2）我们可以从哪些方面去研究电压表？布置小组活动要求：结合电流表学习经验，观察电压表，并阅读教材第43页第二段，小组讨论电压表的使用方法 2. 教师总结使用方法，布置读数练习 3. 播放视频《电池电压测量过程》，布置完成伏打电堆的电压测量实验 4. 要求学生尝试用电压表测量小灯两端电压。要求先画电路图：在上节课电路图基础上修改电路，测电流的同时用电压表测电压 5. 布置学生测量三组小灯两端电压和电流的实验，提示注意事项	1.（1）学生从器材中挑选出电压表，并让一位学生说明理由；（2）一位学生回答可以从电压表结构（量程、接线柱）、使用注意事项（连接方式）等方面进行电压表使用的研究。学生结合教师要求，完成讨论并进行组间交流 2. 学生观察图片完成读数 3. 学生完成伏打电堆的电压测量实验，记录好实验数据 4. 学生完成电路图的修改 5. 小组完成测量实验，记录好实验数据
小结	继续介绍电池的发展，从伏打电堆到干电池及其对环境的污染，再到新能源电池和新能源汽车，重点介绍国产新能源电池的发展与取得的成就	通过了解我国新能源电池发展历程及相关政策，逐步树立环境保护意识，并通过了解我国新能源电池的研究成果及市场占比，感悟与时俱进、开拓进取的民族精神，初步体会社会主义制度的优越性
作业	绘制"电压表的使用说明"，赢取"小伏特"奖章	认真完成作业

三、课堂教学设计举例

（一）"原子"教学设计的形成过程

1."原子"教学设计

1) 教学任务分析

"原子"一课对应沪教版初中物理教材九年级第二学期第九章第一节的内容。学习本章内容可以让学生明白,"基本粒子"和"宇宙"是目前探索物质世界的两大前沿领域。通过学习本节内容,学生能了解物理学是研究物质基本结构的科学,在此基础上初步形成科学的物质观和宇宙观。

本节知识是学生认识物质世界的起点,经历本课学习的学生可以初步了解探究微观物质世界的一些基本方法。在本课学习过程中,学生追随物理学家的脚步,认识探索微观世界的方法,建立科学的物质观,为后续认识地球、太阳系并推及银河系、宇宙,形成科学的宇宙观作铺垫。本授课班级学生活泼好动,敢于喜欢表达自己的想法,对事物有一定的好奇心。

学习本节内容,需要学生对平板电脑有较熟练的操作能力,并熟悉"课堂互动"平台的使用。本节课课前需要教师推送学习资源,学生完成教师共享笔记的下载,课后完成搜集核能的资料并分享上传至笔记。

本节课的特色是"数字教材"与"课堂互动"平台相结合的使用。学生充分利用数字教材中的阅读和笔记流转功能,丰富学习方式,分享学习心得。"课堂互动"平台则加强了学生与教师、学生与学生之间的实时互动功能,使课堂任务环节可以即时共享、即时交流、即时评价。

2) 教学目标

(1) 通过尝试在数字平台上画出并展示各原子模型图的过程,知道原子是由原子核和电子构成的,了解原子的核式结构模型,能用原子核式结构模型解释简单的微观现象,初步形成科学的物质观。

(2) 经历原子结构模型不断完善和修正的发展过程,认识物理学家建立模型的过程与方法,知道模型建构是物理研究的重要方法。

(3) 通过乒乓球撞击小铁球实验来模拟科学家发现原子核式结构的历程,感受问题、证据、解释的科学意识,感受类比的科学思维方法。

(4) 通过观看科学家数字故事,感悟科学家为探索物质微观结构所作出的不懈努力,激发科学探究的热情。

3) 教学重点和难点

原子的核式结构模型。

4) 教学资源

(1) 物理实验器材:自制葡萄干蛋糕模型。

(2) 信息化平台:数字教材平台。

(3) 自制 PPT 课件、引入视频和数字故事。

5) 教学设计思路

本设计的基本思路为:以"第五届索尔维会议"的珍贵视频资料为引入,带领学生踏出了对物质世界大无止境、小无终极认识的第一步。以人类认识原子结构的过程为主线,通过师生对话、生生对话展开交流与讨论,将学生带入了一个充满辩证、遐想和激情的发现之旅,让学生认识实验、猜想、类比、建立模型等方法在科学研究中的运用。

本节课要突出的重点和突破的难点为原子的核式结构模型。方法是追随物理学家的脚步,通过"线索—推理、假设—模型",体验建立模型往往需要一个不断完善和不断修正的过程,使学生自然地体会到真理发现的过程。方法的使用,一是通过乒乓球撞击小铁球实验,模拟科学家发现原子核式结构的历程,根据新的实验现象,猜测、推断和想象原子内部的情况,逐步认识原子的内部结构,建立形象的"原子核式模型";二是通过师生、生生讨论交流,感受物理学家们细致、敏锐的科学态度和不畏权威、尊重事实、尊重科学的科学精神。

完成本节课需要 1 课时。

6) 教学流程

(1) 教学流程图(见图 3-2)

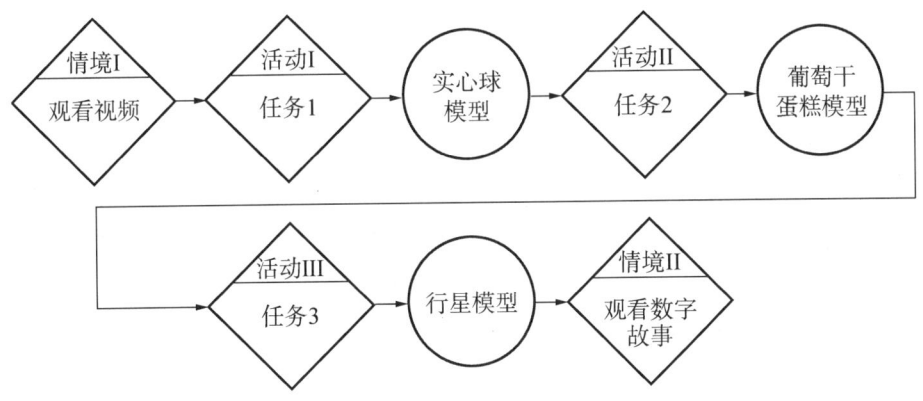

图 3-2 教学流程

(2) 流程图说明

① 情境Ⅰ:观看引入视频《决战量子之巅》

② 活动Ⅰ:根据线索 1(1803 年线索包),完成任务 1"尝试画出道尔顿的原子模型",展示学生作品,得出实心球模型。

③ 活动Ⅱ:根据线索 2(1897 年线索包),完成任务 2"尝试画出原子模型",展示学生作品,得出葡萄干蛋糕模型。

④ 活动Ⅲ:根据线索 3(1909—1911 年线索包),完成任务 3"请根据卢瑟福的猜想,尝试画出氦原子结构",展示学生作品,得出行星模型。

⑤ 情境Ⅱ:观看数字故事"致敬为原子作出贡献的物理学家们"。

2. "原子"教学设计的打磨历程

本节课由上海外国语大学松江外国语学校的王媛媛老师执教。本节课的特色是"数字教材"与"课堂互动"平台的结合使用。学生可以充分利用数字教材中的阅读和笔记流转功能,丰富他们的学习方式,分享学习心得。使用"课堂互动"平台,加强学生与教师、学生与学生之间的实时互动功能,使课堂任务环节可以即时共享、即时交流、即时评价。

1) 情境创设的反思与改进

(1) 背景与初衷

教师在进行教学设计的初步尝试中,选用了"索尔维"会议合影作为课堂导入,旨在通过这张照片背后围绕量子物理学非确定性本质的"世纪辩论"故事,进而引出课题并展示原子世界的奥秘。

(2) 首轮反馈

初次实践出现了两个问题:一是学生的注意力和兴奋点集中于识别照片中的物理学

家,而这不是情境创设的初衷——深入探讨"原子"这一核心概念;二是仅以照片作为导入媒介,未能让学生充分理解该会议对物理学发展具有里程碑式的意义,无法与教师在情感上达成共鸣,不能实现情境的育人价值。

(3) 调整策略

基于以上反馈,教师首先尝试通过让学生绘制他们所想象的原子样子来引入"原子"这一课题。

第二轮试教显示,调整后的活动虽然提升了学生的参与度,但由于缺少彼此之间的互动(每位学生独立完成自己的绘画),因此活动仅停留在学生个人自我的想象层面,未能转化为集体的探究过程。

再一次调整时,教师将这一环节改为集体参与的暗箱实验,旨在通过共同的实验探索激发学生对原子内部结构的好奇心。

然而,第三轮试教后发现,因为没有做好必要的铺垫,学生的猜测多是无根据的假设,缺乏实际知识或生活经验的支撑,导致课堂讨论时生生互动的效能不高。

最终,教师采用了照片和视频相结合的方式引入。通过一段关于1896年量子革命开始的数字故事视频引入主题,并在课尾加入向科学家致敬的环节,与开头的视频相呼应,增强了教学的连贯性和深度。

在不断地实践、调整、再实践、再调整过程中,我们可以深刻地认识到,有效的课堂导入不仅需要引起学生的兴趣和好奇心,还要促进学生之间的互动,更要为接下来的探究活动提供动力。这一过程强调了教师教学方法的灵活性和对学生反馈的敏感性,这为未来的教学实践提供了宝贵的经验和启示。

2) 教学重难点的反思与改进

(1) 背景与初衷

为了达成教学目标,突破本节课的教学重难点——原子的核式结构模型,教师首先通过搜集相关论文,尝试利用古今中外科学家们对原子结构的探索历程作为教学活动的主线。但由于实验难度很大,难以在课堂上完整呈现。同时,传统的PPT呈现方式虽然直观,但缺乏互动性和形象性,不利于学生主动思考。

(2) 首轮反馈

为了更形象地解释原子这一抽象的概念,教师设计了"小剧场",用积木块类比原子和分子,以便学生更好地理解原子结构。

然而首轮试教显示,"小剧场"的表征效果虽然好,但放在整个活动中会产生剥离感。此外,PPT演示虽然提供了理论支持,但学生缺乏实验亲历感,导致学生对于原子核式结构的理解是被动的。

(3) 调整策略

基于上述问题,教师尝试采用更直观的模拟演示方法,通过使用带塑料子弹的玩具手枪、薄纸外壳和小铁球来模拟射线穿透物体,并在遇到质量较大的核心时产生反弹的现象。但教师同时也清醒地认识到,这一方案的实验效果不可控,未知子弹是否每一次都能穿透纸壳,并且该实验具有一定的危险性。在实践中正如教师所料,模拟演示方法更直观有效,即便学生不能够亲身操作实验,也能通过观看模拟演示对实验产生具象的认识,但是子弹并不能每次顺利地穿透纸壳,实验效果并不理想。

随后,教师尝试暗箱实验。通过在不可见的条件下探索内部结构的方法,旨在启发学生对原子内部结构的理解。然而在实践中依然发现,这一方法对缺乏相关经验的学生而言,会导致学生无根据地瞎猜,说明需要更为直观和基于学生已有经验的教学策略。

(4) 最终改进

基于上述实践,教师最终决定采用宏观与微观相类比的方式展开教学——用乒乓球撞击小铁球,乒乓球在撞击小铁球的过程中,大概率可以畅通无阻,小概率会与铁球发生正面撞击直接弹回,或者发生侧面撞击改变运动方向而弹出,教师通过自己录制的模拟卢瑟福散射实验的视频,不仅让学生对原子内部结构有了直观的感受,更是大大提高了课堂效率。

通过一系列的实践、反思与调整,本次教学设计探索了多种方法来突破原子核式结构模型的教学难点,最终找到了能有效突破教学重难点同时也能促进学生学习的教学策略。这一过程必须强调教学策略的灵活运用和有效调整。(本案例由上海外国语大学松江外国语学校王媛媛老师提供)

(二) "光的反射"教学设计的形成

1. "光的反射"教学设计

1) 教学任务分析

"光的反射"是沪教版初中物理教材八年级第一学期第二章"光"的重要知识点。光的反射定律是光学最基本的规律之一,也是光学的核心规律,是平面镜成像的原理。同时,它是学生在物理学习过程中所遇到的第一个理解级知识点,是正式学习物理科学探究方法的第一步。

光学与学生的实际生活联系紧密,学习此内容前学生对光已经有非常丰富的感性认识。虽然本班学生还不擅长用物理的视角观察周围的现象,但他们好奇心强,有一定的动手能力和较强烈的求知欲望。因此,本节课的教学设计力求贴近学生的生活:以激光打点活动激发学生的认知冲突,引出反射现象。而后明确探究目标:光的反射有何规律。学习过程中以学生自主探究为主。

本节课教学设计关注激发学生的学习兴趣,初步发展学生的探究意识,以"情境—探究—应用"的课堂教学模式开展教学,符合八年级学生从生活经验到科学理论再到实践内化的学习和认知规律,也能充分体现物理学是以观察和实验为基础的学科特点。本教学设计要求学生积极主动参与。

2) 教学目标

(1) 经历"激光打靶"体验活动,运用光线模型,了解与光的反射现象相关的入射点、反射面、入射光线和反射光线等概念,激发兴趣的同时,感受物理学与生活之间的密切联系。

(2) 通过研究反射光线和入射光线的位置关系,体会法线的作用,感受建模的思想;通过经历探究"光的反射定律"实验过程中现象和数据的收集和处理,归纳得出光的反射定律,认识"证据、解释"的科学探究方法,感受交流合作的重要性,养成主动与他人合作的精神,体验探究的乐趣。

(3) 通过根据光的反射定律作图和结果分析过程,知道镜面反射和漫反射现象,能应用光的反射定律知识解释生活中简单的光现象,感受学习的价值。通过了解光的反射现象在生活中的利与弊,形成客观对待事物两面性的正确评价态度,感悟物理学知识与生活的联系。

  3) 教学重点和难点

  (1) 重点:光的反射定律。

  (2) 难点:光的反射定律探究过程。

  4) 教学资源

  (1) 物理实验器材:自制光的反射教具、激光笔、平面镜、量角器、铁架台、Pad。

  (2) 信息化平台:PPT、视频展台、学生活动卡。

  5) 教学设计思路

  本教学设计的内容包括光的反射现象和光的反射定律两个部分。设计的基本思路是:通过激光照射平面镜作为情境引入,说明光线改变了传播路径,引出光的反射现象,进而通过实际操作引出光的反射中入射光线、反射面、入射点、反射光线等名称。教师通过自制教具演示实验寻找反射光线位置,定性探究发现反射光线与入射光线在同一平面上,同时利用反射光线、入射光线共面的契机引出"法线"概念。在建立法线的基础上,猜测反射光线及入射光线与法线的位置关系。在定性探究出反射光线、入射光线在法线两侧的关系后,教师引导学生猜测反射光线、入射光线分别与法线的夹角的大小关系。通过学生自主定量探究,得出反射角与入射角相等的关系,最终归纳出光的反射定律。在实验过程中,让学生体验科学实验探究中的方法如观察、猜想、设计、实验、结论、应用等。

  本设计要突出的重点是光的反射定律。方法是:通过科学探究的方法,理解光的反射定律。在探究反射光线、入射光线和法线在同一平面的关系时,采用定性探究。本节课的探究重点放在角度关系的定量探究。在学习光的反射定律后,运用光的反射定律画出反射光线,在此基础上学习、了解镜面反射和漫反射,达到即学即用的效果。

  本设计要突破的难点是光的反射定律的探究过程。方法是:利用水雾展示光传播路径,并把光线呈现在平面板上,让学生更加形象直观感受到反射光线、入射光线是在同一平面上的。通过保持入射点不变,改变入射光线的位置,多次实验证明反射光线和入射光线共面的关系,以此引出"法线"这一概念。本设计强调依据事实,结合激发思维碰撞、实验探究、建立模型等多种教学策略的应用,强调通过学生主动参与,培养观察和探究实验能力。

  完成本设计内容需要1课时。

  6) 教学流程

  (1) 教学流程图(见图3-3)

  (2) 教学流程图说明

  ① 活动Ⅰ 演示实验

  (a) 以两次"激光打点"引出光的反射现象。

  (b) 用喷雾展示光的反射路径,引出入射光线、反射面、入射点、反射光线名称。

  ② 活动Ⅱ 探究目标1:反射光线、入射光线、法线在同一平面上。

  ③ 活动Ⅲ 探究目标2:反射光线、入射光线位于法线两侧。

  ④ 活动Ⅳ 探究目标3:反射角等于入射角。

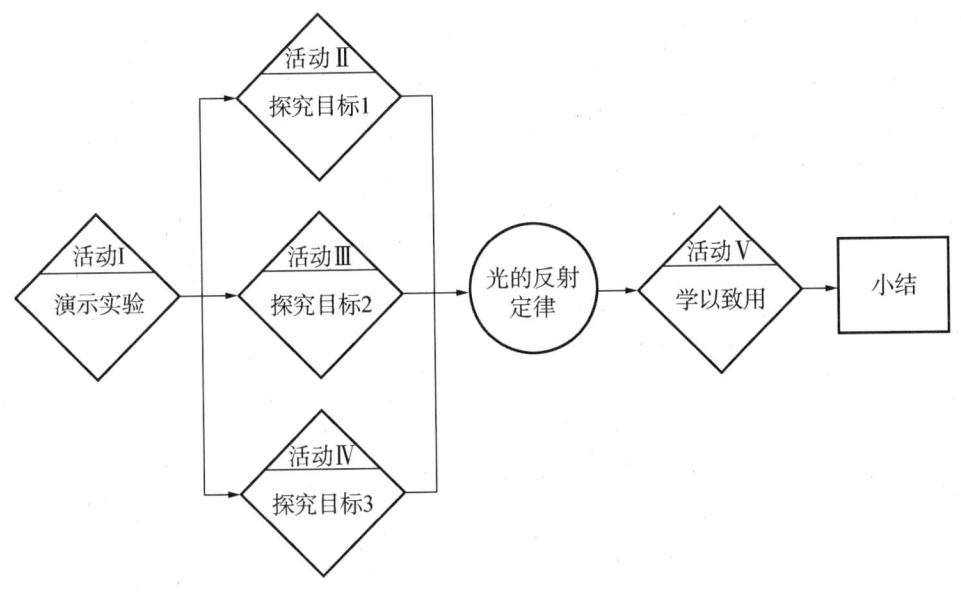

图 3-3 教学流程

⑤ 活动Ⅴ 画出反射光线；知道镜面反射、漫反射。

2."光的反射"教学案例分析

课堂教学的活动过程其实是学生思维逐步发展的过程，因此课堂活动设计要关注学生思维能力的培养。

(1) 创设真实情境，经历认知冲突

根据学习理论可知，学生在学习新知识之前已经形成了一些前概念，学生的学习是在基于原有认知基础上而进行主动建构的过程，学生的前认知会直接影响新知的形成与建立。因此教师需要创设真实的情境，如在引出光的反射现象时，先是根据学生的已有经验和知识，利用直观的实验现象，让学生在真实的实验情境中产生疑问，在疑问中进而提出问题，引发学生的认知冲突，由此不仅可以激发学生的探究欲望，还能激活学生思维。

活动设计1：利用实验创设问题情境

在本节课引入环节，教师课前事先在讲台桌面上贴一张镜面纸，然后将激光灯朝向桌面，提问：若打开激光灯，激光点会出现在哪儿？大部分学生根据上节已有光的直线传播的前概念，认为最后的光点当然会出现在桌面上。然而，打开激光笔，激光点却出现在了天花板上。这个现象与学生已有的认知产生强烈的冲突，学生在观察分析实验现象的基础上，会积极思考"光的传播方向为什么会发生改变"这一问题。

学生在经历真实的实验情境所引发的认知冲突后，会自主地思考建构知识之间的内在联系，光的反射是在原来光的直线传播基础上对光的传播这一物理观念的进一步深化。在此过程中，学生经历观察、分析等认知过程，提升了思维能力。

(2) 搭建学习支架，引导自主建构

布鲁纳曾在"脚手架"理论中指出，学生不是被动的知识接受者，而是积极的信息加工者。犹如我们把知识分割成阶梯状，他们不喜欢别人把他们抱上阶梯，更喜欢在引领下自己迈上台阶。因此,教师需要设计学习活动支架,引导学生自己形成概念,建立规律。

活动设计2:利用自制教具,引导科学探究

图3-4 光的反射实验仪

在探究"光的反射定律"实验中,为了引导学生发现反射光线与入射光线的位置关系,帮助学生自主建构,教师利用自制教具"光的反射实验仪"(见图3-4),来帮助学生建立光的反射模型,使光的传播路径可视化。

教师先将入射光线用一块可移动平面板呈现出来,学生清楚地看到入射光线后,进而会主动思考后提出问题:如何去寻找反射光线的位置?请一位学生来演示用另一块面板去呈现反射光线的过程。学生根据经验会将面板放在与第一块平板共面的位置,这样反射光线就出现了。学生在亲身体验和比较分析的过程中,最终可以顺利提出假设:反射光线、入射光线在同一平面内,并且这个平面是垂直于反射面的。

教师在让学生对探究目标作出猜想与假设环节时,没有直接抛出问题让学生猜想,因为对于光的反射定律的认知学生缺乏生活经验,盲目的猜想不利于学生观察能力与思维能力的培养。因此,教师利用自制教具帮助学生搭建猜想活动的支架,让学生在观察实验现象的基础上作出有证据意识的假设。

(3)建立积极情感,促进有效互动

课堂互动是学习思维过程的外在表现,有效组织课堂上的师生互动和生生互动也是激活思维的有效手段。课堂教学中,教师要创设多维互动的交流氛围,引导学生从不同角度解决问题,引发学生之间的思维碰撞,以提高学生思考的全面性,提升整堂课的思维品质。

活动设计3:通过多维互动,启发学生完善实验方案

在课中,教师要引导学生设计实验方案去验证假设:反射光线与入射光线在同一平面内,这个平面垂直于反射面。此时,教师提醒学生认真倾听不同的方案,并对回答情况进行补充与评价。例如,有学生提出用一块垂直于反射面的面板同时呈现反射光线与入射光线,如果能够出现这个情况说明反射光线与入射光线是在同一平面上;另外有学生则认为一个平面获得的结论不具有普遍意义,对此作出补充,可以保持入射点不变,改变入射光线的射入位置,利用装置多次实验获得多个平面进行研究,能使实验结果具有普遍意义。学生在此过程中经历讨论交流,从而发现思维盲点,通过相互学习拓展了思维空间,使得实验方案更加完善;同时实验方案中获得多个平面,也为后续法线的引入作铺垫。学生通过观察对比,发现多个平面相交于一条线,这条特殊的线过入射点垂直于反射面,从而引入法线,建立"法线"概念。已知入射光线,又有了法线,我们就可以确定反射光线所在的平面。

(4)融合信息技术,变革教学方式

随着信息技术在教育教学的发展应用越来越广泛,不仅可以提高我们的教学质量与教学效率,也可以激发学生的学习兴趣。如本节课全程使用希沃同屏技术,使演示实验更加清

晰直观,并且可以利用 Pad 终端实时记录学生的小组活动,捕捉课堂生成,成为后续学习的课堂资源。

活动设计 4：利用 Pad 和希沃同屏,实时记录学生活动

在学生自主探究"反射角等于入射角"实验时,由于学生是首次接触光具盘,对于器材的使用,教师虽然实验前已经充分说明,但在正式实验时,关于镜面位置的摆放仍会存在这样的问题：有学生会将镜面的位置放反,发生反射的是粗糙的表面,找不到确定的反射光线,因此非常苦恼但并未意识到镜面放反的问题。当学生随意转动激光灯位置时,在不经意间突然转到镜面入射的位置,此时反射光线清晰地出现,于是才开始实验。这一小小的操作行为可能不会引起学生的注意,但却是非常好的课堂生成性问题,教师可以及时将此现象利用 Pad 终端记录下来,为后续镜面反射和漫反射的实验教学提供很好的课堂资源。学生意识到自己偶然间发现的问题也是有研究价值的,这样既能提升学生研究物理问题的兴趣,又能使学生关注自己的活动体验,在活动中发展思维。

(5) 关注活动评估,升华课堂教学

强化学生的评估意识,对发展学生的批判性思维具有积极意义。让学生经历评估的过程,不仅可以完善自身的知识结构,而且在交流与反思中有利于培养创造性思维,加深对物理观念的理解。

活动设计 5：课堂小结,活动评价

在本节课的课堂小结活动中,学生归纳光的反射定律内容时,为在空间中确定一条"线"的位置,遵循的思维顺序为：三维空间中—一个平面上(反射光线、入射光线和法线在同一平面内)—平面的一部分(反射光线与入射光线分居法线两侧)—确定的位置(反射角等于入射角),依此顺序来总结规律则一切顺利。学生能确认这样的总结顺序,说明他除了内化物理观念外,其思维能力也得到了发展。于是,教师就学生归纳得出光的反射规律内容的顺序,引导学生进行评价。若学生回答三条规律顺序有错误,教师不要急于否定学生的回答,此时可引导其他学生积极参与评价活动,就三条规律顺序的回答进行评价与补充。在此过程中,提高学生思考的全面性,从单纯的物理知识的总结上升到思维顺序的归纳,提升了整堂课的思品品质。

物理是一门注重逻辑思维的学科,课堂教学中师生活动的本质也指向思维。因此关注课堂活动设计,提升学生的思维能力,不仅对我们的物理教学具有重要意义,也是培养学生核心素养的有效手段。能够呈现思维过程的课堂活动,既能帮助学生建立起完整的知识结构,又能不断提高学生的学习能力,优化思考方式,这样才能让学生终身受益。(本案例由东华大学附属实验学校李萍老师提供)

(三) 教学设计的改进思路

1. 分析学情是活动设计的基础保障

在每次公开课展示前不断地试教、改进、调整设计的循环过程中,可以深刻体会到学情分析是活动设计的基础。教育的主体是学生,对学生已有的物理知识与生活认知经验的分析和把握尤为重要。

在"原子"一课的打磨过程中,教师第一稿的活动设计,曾经预设用一张照片展开对原子内部结构的讨论,从而顺利引入课题的方式。但由于学生没有相关的照片知识背景,因此只

关注了照片中的人物是谁,根本无法引起他们对于原子内部结构的思考,活动设计的意图未能体现。在第二稿的活动设计中,运用绘图猜想的方式,但这样的方式并不利于个体经验的交流分享,自然也就不利于集体经验的自然形成。在第三稿的活动设计中,教师因为没有详细了解学生对于原子这一课题的经验,产生了凭空猜测的情况。这些都是因为对学生学情分析不足而导致的。因此,在活动设计之前,教师可以运用小调查、小访谈等形式,了解学生的已有经验,这样才能设计适切的活动。

2. 关注目标是活动设计的基本原则

教学设计就是为了保证在课堂教学过程中能有效地达成教学目标。在教学设计中,教学活动是教学目标实现的最重要载体。因此,活动设计在考虑学生认知和生活实际、关注学生学习兴趣激发的同时,更要充分地预设好活动的目标,并确保活动目标与所指向的教学目标的一致性,这是通过活动实施顺利达成教学目标的有效路径。

基于教学目标进行活动设计是活动设计的基本原则。无论是日常教学还是公开课教学,教师都需要根据每一轮的教学实践反复调整活动设计,一方面可以提升自己对学生学情的考察分析能力,更精准地把握学情;另一方面是不断地让活动目标与教学目标相吻合,在一次又一次调整的过程中,学会运用目标这一"标尺"来衡量活动设计的适宜性,不断提升自己的活动设计能力和设计水平。只有坚持目标导向的活动设计路径,才可能设计出目标达成度高、学生积极参与的有效活动。

3. 展开实验是目标达成的重要路径

物理是以实验为基础的学科,在参与实验的过程中,可以培养学生的科学思维、科学探究能力,并形成正确的科学态度与责任,同时伴随着物理观念的形成。如"原子"这一课的内容比较抽象,在现有的实验室条件下,学生是无法通过真实的实验探究过程观察或体验到原子结构的。因此,如何帮助学生理解原子的核式结构模型就是教学设计的难点。

在上面提到的"原子"公开课试教过程中,教师每一次的重新尝试与调整,从未脱离想要利用直观的演示实验帮助学生化解学习难点的初心和目标,经过反复实践也证明,目标导向的实验策略调整与优化,使最终所呈现的用教师自己拍摄视频进行实验演示的方式起到了很好的效果。学生在与视频实验的互动中,观察到了原子结构的基本物理特征,为化解学生的学习难点搭建了有效的支架。

4. 有效方法是达成目标的关键手段

在素养导向的课程与教学改革背景下,作为教师必须要意识到纯粹的知识传授或带着学生刷题,是无法落实课程核心素养的,因此教师必须不断地创新教与学的方式,呼应时代对教育的要求,也让学生在课程的学习中掌握确定的能力去应对未来不确定的社会需求。

例如,现实中问题的解决,一定需要综合运用知识的能力,教师应该不断地进行跨学科教学实践,通过对学科教学内容的深入钻研以及学生生活实际和能力水平的调研过程,设计出贴合学生的跨学科实践内容。又如,在教育数字化转型的背景下,教师也要积极探索技术赋能教学的有效方法,充分利用平台功能或创新的实验器材,提升教与学的效能。这种实践、反思、再实践、再反思的过程,不仅可以提高学生在课堂中的探究兴趣,也可以提升教师对物理课程教学的设计和实施能力。

第二节　单元教学设计

《义务教育课程方案(2022年版)》明确指出要深化教学改革,要"坚持素养导向、强化学科实践、推进综合学习、落实因材施教"。其中"推进综合学习"就是要求教师积极探索单元教学,强化知识之间的内在联系,通过综合性教与学活动的开展,促进学生掌握融会贯通、举一反三的能力,使习得的知识从碎片化、孤立化走向结构化、系统化。单元教学设计是课程核心素养培育的重要抓手和主要路径。

一、单元教学设计概述

"单元"一般指整体中具有相对独立性和完整性的一部分。教师认识的单元通常是指某门课程中,所含相对集中的教学内容或教学目标的一个教学单位,可以按教学内容划分,如简单机械单元、机械功单元等,也可以按专题划分,如实验单元、故障单元等。单元通常以一个主题引领,将与该主题相关的知识内容、技能或方法按照一定的逻辑顺序进行呈现,为学习者提供一个相对结构化的学习段落。

(一) 单元教学设计的概念界定

目前在推行或实施的单元教学设计,主要是将教材的自然章节或根据主题对教材的自然章节进行科学拆分后,作为一个单元进行教学整体规划。就像建筑施工图纸一样,单元教学设计其实就是一份系统的教学实施规划,旨在通过对相应单元或主题的整体架构,促进学生对该内容的深入理解和系统掌握,进而达成核心素养的培育。单元教学设计需要教师能整体把握学科知识体系,了解单元或主题的学习对学生素养培育可贡献的价值,同时还要厘清不同单元或主题间素养培育的衔接和递进要求。单元教学设计注重学科知识的系统性和完整性,教师可根据教材的自然单元或知识主题进行单元整体性教学设计。

单元教学设计是对单元或主题内的教学问题和需求进行系统分析后,由此确定教学情境、教学流程、教学策略和教学评价等。单元教学设计不是简单的设计之后加以实施的问题,而是一个在学与教的具体情境中、在互动中发展演化的过程。根据单元进行教学整体设计,有助于帮助学生建立结构化的知识体系,提升综合运用知识解决问题的能力。

(二) 单元教学设计的意义

单元教学设计通过单元目标导向的任务设计或提供结构化的学习环境,系统化地组织教学内容和活动,以增强教与学的有效性,促进学生全面发展,同时也支持教师的专业成长。

1. 落实核心素养的培育

单元的整体性、结构化设计是单元知识内在逻辑结构的整体架构,可以避免碎片化学习造成对知识理解的片面与狭隘,帮助学生全面地形成物理观念。单元的整体结构化设计更符合学生的学习规律,有助于促进学生思维发展的连续性,有助于提高学生的科学思维能力。同时,单元的整体性结构化设计也更注重科学探究中各环节的完整实施,使科学探究更充分、深入。此外,单元的整体性结构化设计能够统筹兼顾各课时的活动设计,从而有效地达成科学态度与责任的培育。

2. 促进深度学习的发生

单元教学设计需基于单元核心概念或规律,设计具有挑战性的单元核心任务,在这种设计框架下,教学内容不是孤立和零散的信息点,而是一系列互相关联、围绕核心概念展开的学习环节。学生在通过不同的视角和方法完成任务的过程中,经历全面而深入的学习体验,将所学知识应用于解决实际问题,增强了学习的深度和广度。在这种应用实践中,学生能够顺利地实现对所学知识的内化和理解。同时,这样的学习经历使学生探索学科知识的方式和途径更加多元,有助于学生形成批判性思维和解决问题的能力,还能形成相互间的合作意识、增强社会责任感。

3. 助力知识框架的建构

单元教学设计就是教师将相关知识点和学习活动组织成一个有系统、有逻辑的整体,从而增强学生学习的连贯性,培养学生知识建构的能力。单元教学设计的整体推进,有助于学生理解各个知识点之间的关系,促进学生对所学知识的理解与内化,并在完成单元核心任务的过程中学会运用知识解决问题。学生经历这种结构化的学习过程,能自己建构单元知识的整体框架,还能在完成具体任务的过程中建立起新旧知识之间的联系,促进新旧知识的融合与应用。单元内的学习活动和教学内容通常按照由浅入深的原则组织,学生在递进式的学习过程中,能较顺利地完成认知上的过渡,避免了因跳跃式学习带来的理解困难。

单元教学设计帮助教师从宏观的视角审视教学内容,把握学科课程的宏观结构,深度挖掘知识背后的逻辑和意义,形成清晰的教学脉络。单元教学设计同样需要凸显学生的主体地位,教师需通过创设贴合学生实际的情境或活动,引导学生参与探究学习、合作学习、自主学习等,激发学生的学习主动性和积极性,促进深度学习的发生。另外,教师还要根据学生的特点和需求,设计多样化的教学策略,以满足不同层次学生的发展,落实因材施教的要求。

(三)单元教学设计的特征

单元教学设计是培育课程核心素养的主要抓手,是教师将新课改理念转化为教学实践的重要路径。过去,物理教师的教学设计通常是对一节课的教学设计,只局限于对一节课的深入思考,没有课时与课时之间联系的架构,欠缺整体设计意识,每节课在内容、能力、思维培养方面的不同递进要求未曾厘清,这样的教学在学生脑海中留下的往往是物理知识的碎片化记忆。所以,即使经过精心打磨的一节节课时教学设计,也就像一粒粒珍珠散落各处,未组成一串珍珠或其他工艺品,无法体现整体美。而推进单元教学设计的目的,就是要通过创设连贯、综合的跨课时学习体验或连续性的教学活动,使学生能够在结构化的知识框架中探索、理解和内化概念。这种设计方法有助于建立学生的知识体系,发展批判性思维和问题解决能力,提高知识的综合运用能力,同时也有利于激发学生对所学内容的兴趣和参与。

单元教学设计并不是课时教学设计的累加或整合,而是在研读课程标准的基础上,进行单元教学目标、单元学习活动、单元作业、单元评价以及单元资源的整体设计,是落实学科育人价值和核心素养的关键路径,亦是提升教师专业素养的有效抓手。目前上海物理学科已形成了规范的教学设计模式,其呈现内容包括教学任务分析、教学目标、教学重难点、教学资源、教学设计思路、教学流程,教师已经普遍具备了单元教学的意识。《中学物理单元教学设计指南》就是拟解决"如何强化物理教学整体化、结构化设计的意识,形成教学与评价一致的技术路径"。单元教学设计是以学生实际学情需要(最近发展区)与物理课程核心素养的发展作为教学设计的前提,重构单元教学内容,开掘单元教材资源,进行结构化、整体性的单元教学设计。"单元教学设计"对教师提出了更高的要求,其更大的挑战性在于——要求教师不能一味地执行教材,而是要着眼于通过课程的学习培养学生关键能力的教学设计。教师不只是课程的执行者,而是学生学习课程的开发者、建设者与创造者。

单元教学设计具有以下特征:第一,单元教学设计是把教学原理转化为教学材料和教学活动的计划。单元教学设计要遵循教学过程的基本规律,通过教学目标的合理制定明确教什么的问题。第二,单元教学设计是实现教学目标的计划性和决策性活动。单元教学设计以计划和布局安排的形式,对怎样才能达到教学目标进行创造性的决策,以解决怎样教的问题。第三,单元教学设计是以系统方法为指导。单元教学设计把教学各要素看成一个系统,分析教学问题和需求,确立解决的程序纲要,使教学效果最优化。第四,单元教学设计是帮助学生形成积极正确的人生观、价值观,提高学习者获得知识与技能、过程与方法的效率和兴趣的技术过程。单元教学设计是教育技术的组成部分,它的功能在于运用系统方法设计教学过程,使之成为一种具有操作性的程序。

二、单元教学设计流程

《中学物理单元教学设计指南》是实施单元教学设计的纲领性文本,但单元教学设计的前提还需要基于任教学生的实际认知水平和能力,因此学校教研组应是单元教学设计个性化落实的主体。松江区确定的"单元视野下的初中物理课堂教学实践研究"骨干共同体研究项目,就是为了形成教师课堂教学整体设计的意识,推动教研组进行初中物理教学结构化设计的研究,从而全面有效地落实学科育人价值和核心素养。

(一)学科单元划分

在进行单元教学设计前,先要对单元进行合理规划或者适当重构。由于我们现在所用的沪教版物理教材对单元规划存在单元少、容量大等特点,因此为了更好地完成单元教学实践的试点和研究,通过参考其他版本的物理教材,重新进行了单元划分,如表3-2所示。

表3-2 教材单元重新划分

单元	对应教材	序号	课时名称
第一单元 声现象	第一章 全部	1	声波的产生与传播①
		2	声波的产生与传播②
		3	声音的特征①
		4	声音的特征②
		5	声音的特征③

(续表)

单元	对应教材	序号	课时名称
第二单元 光现象	第二章 第1、2、4节	1	光的反射①
		2	光的反射②
		3	光的折射
		4	光的色散
第三单元 透镜	第二章 第3节	1	透镜①
		2	透镜②
		3	透镜③
		4	透镜④
第四单元 运动	第三章 第1、2节	1	机械运动
		2	直线运动①
		3	直线运动②
		4	直线运动③
第五单元 力	第三章 第3、4节	1	力①
		2	力②
		3	重力　力的合成①
		4	重力　力的合成②
第六单元 力与运动	第三章 第5、6节	1	二力平衡①
		2	二力平衡②
		3	二力平衡③
		4	惯性　牛顿第一定律①
		5	惯性　牛顿第一定律②
第七单元 简单机械	第四章 第1节	1	简单机械①
		2	简单机械②
		3	简单机械③
		4	简单机械④

(续表)

单元	对应教材	序号	课时名称
第八单元 功和机械能	第四章 第2、3节	1	机械功①
		2	机械功②
		3	机械能①
		4	机械能②
		5	机械能③
第九单元 物态变化	第五章 第1、4节	1	温度　温标①
		2	温度　温标②
		3	温度　温标③
		4	物态变化①
		5	物态变化②
第十单元 内能	第五章 第2、3、5节	1	比热容①
		2	比热容②
		3	比热容③
		4	内能
		5	热机
第十一单元 密度	第六章 第1节	1	密度①
		2	密度②
		3	密度③
第十二单元 压强	第六章 第2、3、6节	1	压强①
		2	压强②
		3	压强③
		4	液体内部压强①
		5	液体内部压强②
		6	液体内部压强③
		7	大气压强①
		8	大气压强②
		9	大气压强③

(续表)

单元	对应教材	序号	课时名称
第十三单元 浮力	第六章 第4节	1	阿基米德原理①
		2	阿基米德原理②
		3	阿基米德原理③
第十四单元 欧姆定律	第七章 第1、2节	1	电流　电压①
		2	电流　电压②
		3	欧姆定律　电阻①
		4	欧姆定律　电阻②
		5	欧姆定律　电阻③
第十五单元 电路	第七章 第3、4节	1	串联电路①
		2	串联电路②
		3	串联电路③
		4	并联电路①
		5	并联电路②
第十六单元 电能	第八章 第1节	1	电功率①
		2	电功率②
		3	电功率③
第十七单元 电与磁	第八章 第2、3、4节	1	电流的磁场①
		2	电流的磁场②
		3	电流的磁场③
		4	电能的获得和输送
		5	无线电波和无线电通信
第十八单元 从原子到星系	第九章 第1、2、4节	1	原子
		2	地球　太阳系①
		3	地球　太阳系②
		4	能量的转化和守恒①
		5	能量的转化和守恒②

(二) 单元教学任务分析

结合《2022版课标》的要求，对整个单元内容进行结构化分析，可以从三个方面展开。

首先，分析本单元在教材中的地位与价值，阐述本单元与前后单元之间的联系，说明单元涉及的核心概念或规律，以及这些核心大概念在今后的学习中发挥何种作用等，进而厘清单元各节内容的知识及知识之间的逻辑关系，用单元内容结构图来直观反映教师对单元结构的认知。单元结构图不需要面面俱到，围绕各节内容的主要概念或规律展开，体现出各节内容之间的联系。还要基于单元结构图，阐述将内容情境化的结果，确定引领单元学习的主题或任务。指明以单元结构图为基础，以培养学生能力为目标，创设贴近生产生活、学生感兴趣的情境，并合理地将单元各节内容有机融入情境，用情境贯穿整个单元的学习过程。

其次，需要教师将知识教育与素养培育深度融合。单元教学设计是从宏观的视角整体规划单元中每课时教学所侧重的核心素养维度，并借助一张表格来描述每节内容与四个核心素养维度的相关程度。表格中，符号"●"表示高相关，"◎"表示中相关，"○"表示低相关。每课时内容与素养的关联程度，不仅取决于学科课程标准对具体内容的要求，还要依据学情、重难点设置的变化而变化。在表格下方设置"单元学习价值"一栏，教师可将各课时中与素养维度有较强相关的内容进行详细说明，从素养层面提炼单元内容的学习价值。

最后，在前面两者分析的基础上，关注学生的生理和心理特点，包括学生的情绪、思维力、意志力、性格特点等。还要分析学生单元知识的已有认知结构，这是因为科学教育的目标是螺旋式上升的，义务教育阶段物理学科中所涉及的很多知识与技能，学生在小学自然学科或初中科学学科中都有一定的接触，但又不够深入，所以教师在分析已有认知能力或基础的同时，要谋划好知识的承上启下、新旧知识有机衔接的环节。在分析各课时内容与学生原有认知的联系时，侧重分析学生在单元学习中可能遇到的、有一定跨越难度的障碍，以便后续将其分解突破。

示例："运动"单元教学设计中的单元教学任务分析

1. 单元内容分析

本单元出自沪教版初中物理教材八年级第一学期第三章"运动和力"中的运动部分，共涉及两节内容，即"3.1 机械运动"和"3.2 直线运动"。本单元是学生认识运动的开始，不仅是学习力学知识的基础，而且是后续二力平衡、牛顿第一定律、机械能等相关内容的学习基础，理解本单元对后面的学习起着重要作用。

本单元包含两部分：一是建立匀速直线运动模型和描述运动的物理量；二是描述运动的不同方式。速度是本单元的核心概念，也是理解运动与力之间关系的必要准备。本单元主要内容结构如图 3-5 所示。

本单元是学生从物理学视角研究运动的开端。电动玩具小车几乎是每个孩子都玩过的玩具，且因电动玩具小车匀速可控的运动特点，常常被教师用来进行实验探究。那么，我们应该如何从物理学视角来描述玩具小车的运动情况呢？本章的学习将围绕描述玩具小车的运动情况展开，从而迁移到生活中其他运动的物体。

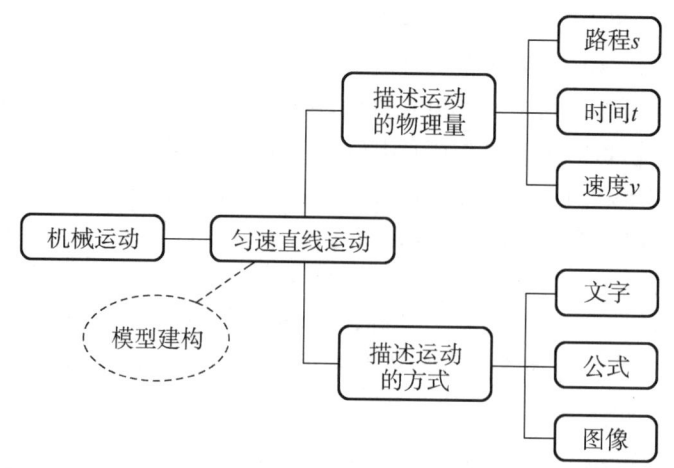

图 3-5 本单元主要内容结构

2. 单元内容与核心素养的关联分析

(1) 单元内容与核心素养(见表 3-3)

表 3-3 本单元核心内容与核心素养

单元内容	核心素养			
	物理观念	科学思维	科学探究	科学态度与责任
机械运动	●	◎	○	◎
匀速直线运动	◎	●	●	◎
速度	●	◎	○	○
$s-t$ 图像	○	●	○	○

说明:"●"表示高相关,"◎"表示中相关,"○"表示低相关。

(2) 单元学习价值

本单元通过研究小车沿轨道做直线运动的情况,对运动进行定量描述,经历分析证据与交流过程,初步认识科学探究方法。通过速度的学习以及解决近似匀速直线运动情境问题,初步认识模型建构的方法。知道表述物理规律的三种常用方法分别为文字、公式和图像。学会用实验工具记录并绘制匀速直线运动的 $s-t$ 图像,体会科学探究在物理学习中的作用。

3. 学情分析

机械运动是最基本、最简单的运动形式。学生在生活中对机械运动已经有丰富的感性认识,但对如何从物理学角度描述和记录运动、速度的概念是如何形成的以及伴随的科学方法是什么等,缺乏深入的理性思考。本单元还将通过 $s-t$ 图像形式描述物体的匀速直线运动,理解图像的过程中需要结合八年级数学中的正比例函数等知识,从而建构 $s-t$ 图像模型,对学生思维水平要求较高。

由上述分析确定教学可能存在的难点为：① 速度概念的形成；② 理解 s-t 图像。

（三）单元教学目标确定

完成单元教学任务分析和确定学习主题后，可以制定单元教学目标。单元教学目标包括核心任务分析和单元教学目标分析两方面内容。

一方面，根据单元学习主题确定单元核心任务，表述单元内容与核心任务之间的关联。单元核心任务是指能够统领单元各节内容的学习过程，也能够检测学习目标达成的表现型任务。单元核心任务应涉及单元核心内容和主体知识，与单元学习目标匹配，是学生将所学知识与技能应用于实践的综合性活动，能够根据学生的表现行为诊断学习效果。单元核心任务可以是应用单元内所学内容完成一个制作，也可以是做一项社会调查，或学会从物理学视角描述、分析一类现象等。单元核心任务涉及的情境要贴近学生生活实际，能够在激发学习兴趣的同时提高创新能力和动手实践能力，并要在完成单元核心任务的过程中，让学生感受到所学知识与生产生活的紧密联系，体会物理学科的魅力与价值。

另一方面，要基于核心内容与核心素养培育的关联，分析得出单元学习价值，结合单元核心任务确定素养导向的学习目标。一般分为四段表述教学目标，每一段对应核心素养的一个维度，但是所设计的教学任务应是物理课程核心素养的综合体现。单元教学目标的设计仍应遵循学生主体原则，所以表述过程中要关注行为主体、行为条件、行为动词和行为程度。

示例："运动"单元教学设计中的单元核心任务及教学目标

1. 单元核心任务

本单元的核心任务是描述小车的运动情况。第一课时学会判断小车的运动情况；第二课时利用打点计时器记录小车的运动情况，用文字方式描述小车的运动规律，理解匀速直线运动；第三课时建立速度概念，根据纸带对应数据，用公式计算匀速直线运动小车的速度，体会公式描述运动的方式；第四课时用 s-t 图像来描述小车运动情况，感受匀速直线运动的不同描述方式及图像法的直观便捷，并尝试描述生活中的汽车运动情况。

2. 单元教学目标

通过描述小车的路程随时间变化的过程，了解机械运动、匀速直线运动，能用速度描述物体运动的快慢，能用图像定量描述匀速直线运动，能从运动学的视角分析自然与生活中的简单运动问题。

经历建立匀速直线运动模型的过程，能在特定情境下将近似匀速直线运动抽象为匀速直线运动进行研究，体会建构物理模型的必要性和方法；在建立速度概念过程中，体会研究物理问题的控制变量方法。

能基于对玩具小车运动的观察，提出有依据的猜想与假设，能在教师指导下利用打点计时器记录小车运动情况，并对纸带上的打点进行分析，从而得出小车运动情况，并归纳结论；感受"问题""证据""解释"的科学探究方法。

通过运动描述的学习，认识物理学是对自然现象的描述；经历机械运动和参照物概念的形成过程，感受不同角度分析问题的辩证唯物主义方法；在研究小车运动情况的实验中，体会与人合作、实事求是的科学态度。通过了解我国军事的现状和发展情况（如空中加油、国庆军事演习等),体会科学进步对人类生活和社会发展的影响,知道科学、技术、社会、环境之间存在相互联系,激发振兴中华的使命感和责任感。

（四）单元教学结构创建

单元教学结构的创建是实施单元教学设计的关键,可以帮助教师厘清和把握各课时之间的知识逻辑,包含教学结构列表和核心任务说明两个部分。

一方面,将内容结构通过核心任务及其分解转化为教学结构,并通过表格的形式清晰呈现单元教学的结构和安排。创建教学结构的关键,就是将单元核心任务合理分解为若干子任务,且与单元学习内容紧密结合,并呈现一定的逻辑关系。为了清晰、简洁地呈现单元的教学结构,表格中可仅列出本单元的教学主干部分。

另一方面,基于单元教学结构列表,简要说明子任务在对应课时中如何开展,用一张活动系列表呈现课时活动的内容设计以及活动说明。各个子任务对应的活动,组成逻辑自洽的统一整体,各活动之间的联系也是基于一个共同的情境,子任务的活动意图是系列化、连续性的,环环相扣指向单元核心任务的完成。

示例:"运动"单元教学设计中的单元教学结构

1. 教学结构列表(见表3-4)

表3-4 "运动"单元教学结构

核心任务及其分解		教学内容	课时安排
描述小车的运动情况	判断小车运动情况	机械运动	1
	用文字描述匀速直线运动	匀速直线运动	1
	用公式描述小车匀速直线运动的快慢	速度	1
	用图像法描述匀速直线运动	$s-t$ 图像	1

2. 核心任务说明

【重点活动】描述小车的运动情况。

【活动资源】教材、课堂学习单、电动小车、木制轨道、打点计时器、纸带、学生电源、刻度尺等。

【活动系列】"运动"单元活动如表3-5所示。

表3-5 "运动"单元活动汇总

对应课时	活动内容	活动说明
第一课时	实例分析:呈现一辆玩具小车在直轨道上运动的过程,判断玩具小车的运动情况	学生经历机械运动概念的建立过程,知道以不同物体为参照物,小车运动情况不同。知道一般情况下以大地为参照研究物体运动情况

(续表)

对应课时	活动内容	活动说明
第二课时	学生实验：① 用打点计时器记录电动小车运动过程；② 观察纸带，测量并记录纸带上的路程和时间，用文字描述小车的运动情况	学生通过动手实验，熟练使用打点计时器。并通过对纸带信息的归纳总结，理解匀速直线运动的特点
第三课时	观察讨论：观察不同小组小车纸带信息，讨论如何比较不同小车的运动快慢	通过比较运动快慢方法的讨论，理解相同时间路程长运动快，感受速度概念形成的过程
	巩固练习：根据纸带记录的信息，得到路程与时间信息，并利用公式计算得出电动小车运动速度	通过计算小车运动的速度，熟悉应用公式解决实际问题的过程，加深对速度概念的理解
第四课时	分析交流：根据实验单中纸带数据记录表绘制匀速直线运动的 $s-t$ 图像，分析图像反映出的小车运动信息	通过 $s-t$ 图像进行分析，体会图像法的简洁、直观。通过对匀速直线运动 $s-t$ 图像的学习，感悟数学方法对于物理学研究的重要作用，体会学科之间的联系
	问题解决：查阅资料，结合所学知识描述高速路上汽车的运动情况	这是本单元最后一节课的课后练习，通过拍摄一段高速公路上汽车行驶时的视频，用视频分析软件获取路程及对应时间，用合适的方式描述汽车运动情况并估算汽车速度

三、单元教学设计举例

（一）单元教学任务分析

1. 单元内容分析

"液体内部的压强"单元教学内容选自沪教版初中物理教材九年级第一学期第六章"压力与压强"中第三节"液体内部的压强"，主要内容包含液体内部压强的规律、连通器原理及应用等。本单元是在学习密度和压强的基础上，继续探究液体内部压强的规律并进行应用。液体内部压强规律是本单元的核心规律，能解释连通器原理，也是后续学习大气压强和阿基米德原理的重要基础。本单元主要内容结构图如图 3-6 所示。

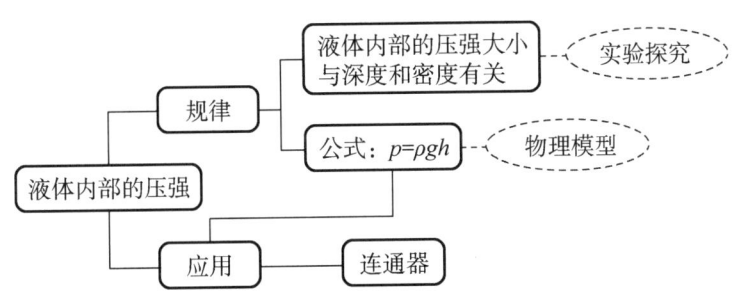

图 3-6 "液体内部的压强"单元主要内容结构图

三峡工程的建成是我国科技和工程领域的巨大成就。三峡工程涉及很多液体压强知识,如三峡的挡水泄洪主坝体修成"上窄下宽"的形状,三峡的双线五级船闸等。本单元将围绕三峡大坝主坝体和船闸,对液体内部压强规律进行研究学习,并能够解释相关物理现象。

2. 单元学习价值分析

(1) 单元内容与核心素养(见表3-6)

表3-6 "液体内部的压强"单元内容与核心素养

单元内容	核心素养			
	物理观念	科学思维	科学探究	科学态度与责任
液体内部的压强	◎	●	●	○
液体内部压强的应用	●	◎	○	◎
连通器	◎	●	◎	◎

说明:"●"表示高相关,"◎"表示中相关,"○"表示低相关。

(2) 单元学习价值

通过"探究液体内部的压强与哪些因素有关"的活动,分析实验现象和数据,归纳得出液体内部压强的规律,感受"问题""证据""解释"的科学探究方法;能正确推导液体压强公式,感受模型建构的思想;能用液体内部压强规律和连通器原理,解释和解决简单的物理问题。

3. 学情分析

在科学学科的学习中,学生已经接触液体压强知识,知道深度越深,液体压强越大,但并未全面学习液体内部压强规律。以往教学设计是用U形管压强计定性研究液体内部压强规律并建模推导,学生对液体压强大小与深度的定量关系认知不足。由于不同层次学生的科学推理能力不同,部分学生对连通器原理的推理论证会存在学习障碍。基于上述分析,确定教学中可能存在以下两个难点:① 液体压强大小与深度的定量关系;② 连通器的原理。

(二) 单元核心任务

本单元的核心任务是"走近国之重器——三峡大坝"。三峡大坝主要由挡水泄洪主坝体、发电建筑物、通航建筑物等建筑组成。本单元从我国长江三峡水利枢纽工程入手,探究三峡挡水泄洪主坝体"上窄下宽"现象背后的液体内部压强规律,并能够应用液体内部压强规律论证连通器原理,了解三峡双线五级连续梯级船闸是怎样利用连通器原理让轮船通行的。

(三) 单元教学目标

通过"走近国之重器——三峡大坝"单元核心任务,知道液体能产生压强,了解液体压强与哪些因素有关,知道连通器原理,并能用这些知识解释与液体内部压强规律相关的现象。

通过探究"液体内部压强与哪些因素有关",感受控制变量法和图像法等科学方法;在建构液柱模型定量分析并推导液体压强公式中,感受模型建构解决问题的思想;在用液体内部压强规律论证连通器原理时,感受科学推理与论证的重要性。

能基于观察和生活经验,提出与液体内部压强规律相关的问题,作出有依据的猜想与假设,并在教师和教学数字化平台的引导下设计实验方案;能正确使用DIS实验器材获取实验现象和数据,并对现象和数据进行分析,得出液体内部压强的规律。

在探究液体内部压强规律的实验中,体会物理学习如同研究一样,是建立在观察和实验基础上的创造性工作。在解释三峡大坝相关问题的过程中,体会学习的价值和乐趣,逐步养成善于观察、敢于提问、乐于探究和学以致用的学习习惯,体会科学进步对人类生活和社会发展的影响。

(四)单元教学结构创建

1.单元教学结构列表(见表3-7)

表3-7 "液体内部的压强"单元教学结构

核心任务	核心任务分解	教学内容	课时安排
走近国之重器——三峡大坝	探究液体内部压强的规律	液体内部压强的规律	1
	解释三峡大坝上窄下宽的结构	液体内部压强的应用	1
	分析船闸的工作原理	连通器	1

2.单元重点活动举例

【重点活动】走近国之重器——三峡大坝。

【活动资源】三孔仪、六孔仪、塑料手套、DIS液体压强计、水、盐水、酒精、硫酸铜溶液、水槽、烧杯、连通器模型、Pad、数字互动课件、电子学习活动卡、希沃白板和"赛·课堂"数字教学系统等。

【活动系列】"液体内部的压强"单元活动如表3-8所示。

表3-8 "液体内部的压强"单元活动汇总

对应课时	活动内容	活动说明
第一课时	观察讨论:戴上手套伸入盛液容器中进行体验,再将六孔仪逐渐浸入水中,观察橡皮膜形变情况,猜想液体内部压强大小与哪些因素有关,学习DIS实验装置说明,设计探究实验方案 实验探究:用DIS装置定量探究液体内部压强与深度的关系,采集实验数据、分析图像并归纳结论 理论推导:建构液柱模型推导出液体压强规律的数学表达式	由用手体验液体内部存在压强到用六孔仪定性观察液体内部压强引起的现象,再到用DIS实验器材定量探究液体内部压强规律,为学生搭建认知脚手架,关注探究活动中学生展现出的观察、分析、推理等思维过程 经历"探究液体内部压强规律"的活动,感受"问题""证据""解释""交流"的科学研究方法,归纳液体内部压强规律 经历液体压强公式的推导过程,感受模型建构的思想

(续表)

对应课时	活动内容	活动说明
第二课时	分析交流：学生查阅资料，基于三峡大坝相关参数，根据液体内部压强的规律，计算液体产生的压强，并解释三峡主坝体为什么建造成上窄下宽的形状	通过计算液体内部压强的大小，应用液体压强规律分析解释实际物理问题，加深对液体内部压强规律的理解
第三课时	推理论证：教师引导学生应用液体内部压强公式进一步理解连通器中的液体为什么是相平的。想象在U形管底部中间有一液片，分析两侧所受液体压力，推理论证连通器原理 分析交流：阅读教材第16页STS船闸学习内容，分析交流船闸工作原理	通过应用液体压强规律理论论证连通器原理，强化理解连通器原理 关注教材使用、关注学生自主阅读学习能力培养，促进认识和应用船闸工作原理

3. 单元活动评价示例

在探究"液体内部压强与哪些因素有关"的实验活动中，不仅需要关注学生实验方案的设计，还要关注学生操作的规范、分析归纳的品质和合作交流的习惯。本活动采用学生自评方式，引导学生按评价要求开展实验活动，用评价来促进实验活动的开展。实验评价单如表3-9所示。

表3-9 实验评价单

评价内容	评价要求	得分
方案设计	控制变量，正确选择　（1分）	
操作规范	实验初始，完成清零　（1分）	
	调节深度，规范精准　（1分）	
分析归纳	实验结论，表达正确　（1分）	
合作交流	分工明确，合作探究　（1分）	

四、单元视域下的课堂教学设计

（一）课时关联设计

为实现教学效能的最大化，单元教学设计不仅要围绕单元主题和核心任务进行教学实施，还要尽可能在教学过程中建立起教学内容、学习活动、学习方法等多方面的关联，才能体现单元中每节课在能力、思维培养方面的递进性，促进所学知识的结构化。

进行课时关联设计，首先要基于单元内容结构和教学目标，明确单元核心内容与其他内容之间的关系。以"欧姆定律"单元为例，教学内容如图3-7所示。

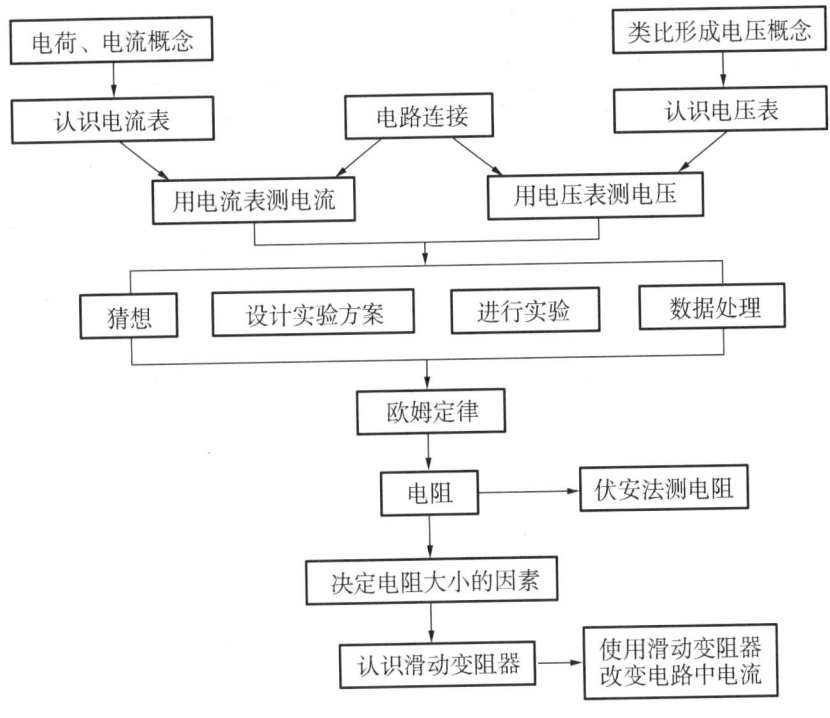

图 3-7 "欧姆定律"单元教学内容

然后剖析各课时学习活动之间的关联与递进关系,形成整体设计。继续以"欧姆定律"单元为例,本单元分为电流、电压、欧姆定律、电阻、滑动变阻器共五课时,活动设计如下。

(1) 第一课时学习活动 1:用电流表测电流。

(2) 第二课时学习活动 2:用电压表测电压(电压表的使用可类比电流表的学习过程,迁移方法,辨析异同点)。

前两课时是后续三个课时实验操作能力的保障。对比欧姆定律课时的电路图,我们在活动 2 中增加了测电流要求并规定测三组数据,巩固电流表使用方法的同时,衔接了欧姆定律实验电路图的设计。实验测得关于小灯电流和电压三组数据,所得到的变化关系也将成为欧姆定律探究实验的猜想依据。

(3) 第三课时学习活动 3:探究导体中电流与电压的关系。实验以不同规格笔芯作为导体,搜集电流、电压实验数据(见图 3-8),得出结论,形成欧姆定律,而实验数据价值并未结束。

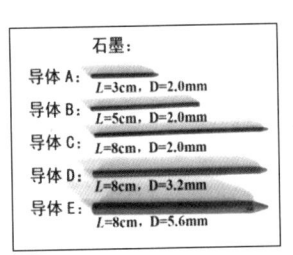

石墨:
导体A: L=3cm, D=2.0mm
导体B: L=5cm, D=2.0mm
导体C: L=8cm, D=2.0mm
导体D: L=8cm, D=3.2mm
导体E: L=8cm, D=5.6mm

导体 B 参数:材料为石墨;长度为 5 厘米;横截面直径为 2.0 毫米。

序号	电压(伏)	电流(安)
1	1.0	0.10
2	2.0	0.20
3	2.8	0.28

导体 C 参数:材料为石墨;长度为 8 厘米;横截面直径为 2.0 毫米。

序号	电压(伏)	电流(安)
1	1.2	0.08
2	2.3	0.16
3	2.8	0.20

导体 E 参数:材料为石墨;长度为 8 厘米;横截面直径为 5.6 毫米。

序号	电压(伏)	电流(安)
1	0.4	0.38
2	0.7	0.7
3	0.9	0.9

图 3-8 导体规格与实验数据

(4) 第四课时学习活动 4：伏安法测电阻。该实验与前一活动实验过程基本相同，只是实验目的不同导致处理数据的方法不同，活动直接在前一课时实验数据基础上进行数据处理（见图 3-9），求平均值测得电阻值，突出了本活动处理数据这一重点，也省去了重复的实验过程。

伏安法测电阻：
【数据处理】
导体 B 参数：材料为 石墨
长度为 5 厘米；横截面直径为 2.0 毫米；

序号	电压（伏）	电流（安）	电阻（欧）	电阻平均值（欧）
1	1.0	0.10	10.0	
2	2.0	0.20	10.0	10.0
3	2.8	0.28	10.0	

伏安法测电阻：
【数据处理】
导体 C 参数：材料为 石墨
长度为 8 厘米；横截面直径为 2.0 毫米；

序号	电压（伏）	电流（安）	电阻（欧）	电阻平均值（欧）
1	1.2	0.08	15.0	
2	2.3	0.16	14.4	14.5
3	2.8	0.20	14.0	

伏安法测电阻：
【数据处理】
导体 E 参数：材料为 石墨
长度为 8 厘米；横截面直径为 5.6 毫米；

序号	电压（伏）	电流（安）	电阻（欧）	电阻平均值（欧）
1	0.4	0.38	1.1	
2	0.7	0.7	1.0	1.0
3	0.9	0.9	1.0	

图 3-9 实验数据

学习活动 5：探究影响电阻大小的因素，综合前一活动伏安法测得的不同笔芯的电阻值（见表 3-10），作为本探究实验的猜想依据，学生很容易猜到长度、横截面积会影响笔芯电阻大小，那么除了笔芯，其他导体有这样的规律吗？进一步通过实验设计来验证猜想。此活动的结论，又将成为第五课时滑动变阻器变阻原理的真实依据。

表 3-10 实 验 数 据

导体	材料	长度（厘米）	横截面直径（毫米）	电阻（欧）
A	石墨	3	2.0	6.2
B	石墨	5	2.0	10.0
C	石墨	8	2.0	14.5
D	石墨	8	3.2	2.0
E	石墨	8	5.6	1.0

(5) 第五课时学习活动 6：用滑动变阻器改变电路中的电流。

在此基础上形成整个单元学习活动设计，并梳理出单元活动设计操作的切入点如下。

① 以实验数据为纽带串联学习活动，省去了很多独立探究会遇到的重复环节，也让学生感受到学习内容之间的联系与深入。

② 关注学习方法的类比与迁移，辨析异同点，完善认知建构。

③ 关注实验技能的强化与衔接，让学生对实验操作不再陌生。

（二）课时关联设计路径

1. 基于情境的课时关联设计

单元教学设计应选择贴近学生生活、能激发学习兴趣的情境来确定单元学习主题，并用核心任务来引领单元学习，因此主题情境一定是连接各课时内容的纽带。教师可以梳理原有不同课时教学设计中所创设的情境，将重复或相类似地整合为一个情境，统领单元学习；或者深挖一个可以实现所有教学价值的情境，使其贯穿于整个单元的学习过程。利用情境衔接学习活动，有利于学生巩固旧知、学习新知，并在情境的解释和交流中培育素养。

例如，在"简单机械"单元各课时的知识应用环节，借助"城门吊桥"的情境，将各课时内容衔接。第一课时"杠杆"中介绍城门吊桥，如图 3-10(a) 所示，给出支点、动力和阻力示意图，让学生标出对应力臂，以此加深理解杠杆五要素；第二课时"杠杆平衡的条件"中，基于五要素，根据已知参数，利用杠杆平衡的条件计算绳中拉力，如图 3-10(b) 所示；第三课时"杠杆应用"中，基于五要素分析吊桥属于哪组类型杠杆，对于较好的学生，还能分析在吊桥拉起过程中，绳中拉力的大小变化，如图 3-10(c) 所示，强化模型分析；第四课时"滑轮"中，要求利用滑轮改进吊桥，达到省力或改变用力方向的效果，如图 3-10(d)、3-10(e) 所示，并借此引出后续的滑轮组。

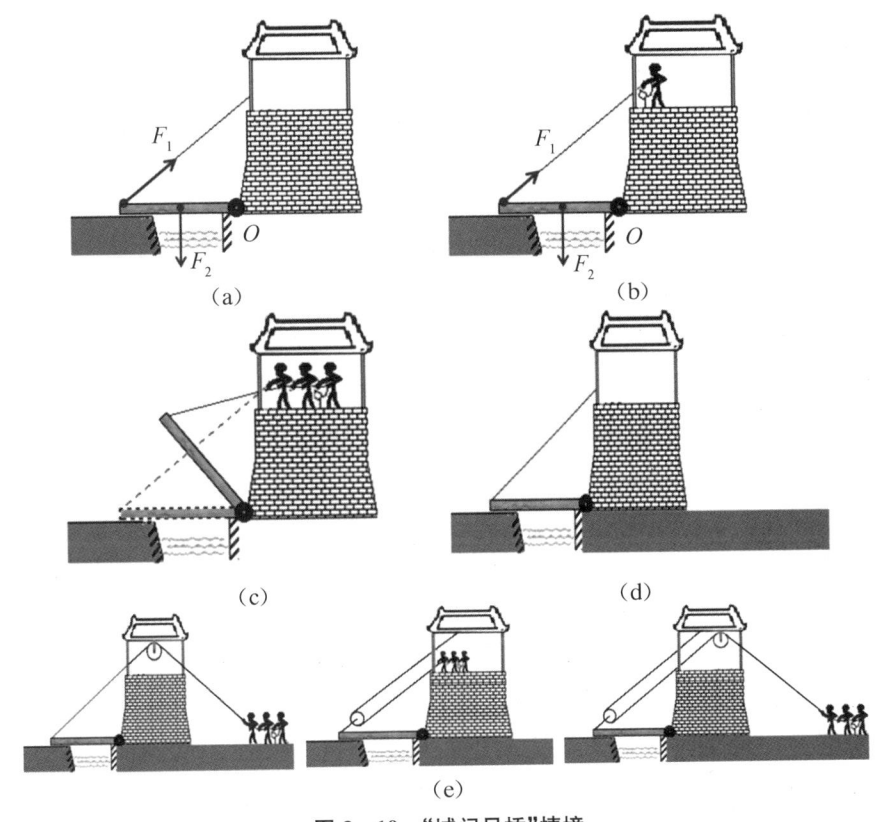

图 3-10 "城门吊桥"情境

又如，在"机械功和能"单元各课时的设计中，借助"篮球运动"的场景，将各课时内容衔接。第一课时"机械功"中，研究学生原地运球片段，分析说明手对篮球做功，以及篮球自身重力做功的情况，并在应用环节为情境中的力和距离赋值，分别计算手对球做功和球自身重力做功的大小。第二课时"功率"的应用环节中，在原地运球情境中加上时间条件计算功率，或是直接设置测量运球功率的任务，综合应用知识。第三课时"势能"中，要求学生基于重力势能的影响因素，分析同学在运球和投篮过程中篮球的重力势能变化情况，并留下问题：篮球下落的过程中重力势能去哪儿了？第四课时"动能"中，分析篮球下落过程中动能的变化情况,并留下问题:篮球下落过程中增大的动能从哪里来?第五课时对前几课时所学内容进行综合分析,得出:篮球下落过程中重力做功,重力势能越来越小而动能越来越大,引出势能和动能间的转化,以及转化过程即为做功过程。最后,播放一名同学投篮的视频,要求学生利用单元所学知识分析篮球运动过程中能量转化情况。图3-11是其中一名学生完成的分析过程。

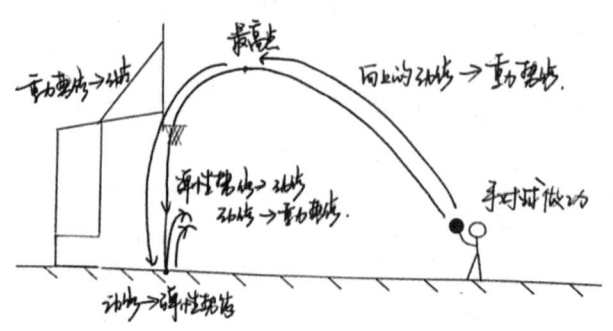

图 3-11　篮球运动过程中能量转化情况分析

2. 概念教学的课时关联路径

(1) 类比学习方法的迁移

概念和规律是物理教学内容的重要组成部分,学生在经历概念或规律形成的过程中习得学习方法。在单元视域下,教师可引导学生类比已有的学习方法,学习新概念、新规律,促进方法的有效迁移。本路径需要教师梳理单元中概念、规律的形成特点,寻找类比切入点,引发学生思考其相似与不同,帮助学生在进一步完善已有认知的基础上,内化新学概念和规律。

例如,在"并联电路的特点"学习活动设计中,学生类比串联电路特点的学习过程,结合串、并联电路的不同之处,自主设计实验方案,进行探究,归纳出并联电路电流、电压的特点。在并联电路电阻的规律探究中,对比串联电路电阻特点进行猜想,教师设问"并联电路的等效总电阻还会等于两分电阻之和吗?并联电路总电阻的大小是大于还是小于分电阻?结合串联电阻特点说说你的猜想依据",引导学生联系电阻串联相当于增加导体的长度,作出对并联电路总电阻大小的正确假设;再通过实验,确定等效电阻的大小,验证假设并推理总电阻的表达式。

又如,"光的折射"规律的学习活动设计中,类比光的反射定律,通过反射光线、入射光线和法线在同一平面内,反射光线、入射光线分居法线两侧,反射角等于入射角三条定律逐步定位反射光线位置,那么在光的折射中,折射光线是否也能用同样的方法来定位并得到验证呢?学生通过实验观察现象,发现折射光线满足类比反射定律推理而来的前两条,而折射角却不等于入射角,从而过渡至本节课重点,探究折射角与入射角之间的大小关系。类比反射定律,进一步探究两者不同之处,完善光学规律知识体系。

(2) 知识逻辑结构的挖掘

教材对单元的处理十分科学,每个单元都有其自身独立的知识结构,其学习方法和能力要求又是螺旋式上升的。本路径需要教师深入理解教材编写意图，梳理各课时内容的逻辑关系，并将这层逻辑关系赋予学习活动，形成整体设计。

例如，在"机械运动"教学的收尾环节，教师通过视频呈现各种物体的运动（包括自然界动植物的运动、人类社会中汽车、电梯的运动，我国高铁、火箭、飞船的运动，乃至整个宇宙恒星、行星的运动），要求学生对视频中物体的运动情况进行分类，并让学生带着答案，进入下一课时。到"直线运动"课时，通过交流引入运动分类，建构机械运动分类框架，引出匀速直线运动。课中，用打点计时器探究匀速直线运动特点，为小组提供快慢不同的匀速运动小车，学生基于纸带辨析小车由静止到加速再到匀速的运动过程，强化理解匀速直线运动特点；同时由小车运动快慢的不同，讨论比较运动快慢的方法，引出速度概念。可再反思用打点计数器的纸带记录运动的优势与不足，得知纸带记录不够方便且存在无法记录静止的时间等弊端，引出 $s-t$ 图像。学习活动循序渐进，符合逻辑及学生认知发展，利于学生深度思考。

（3）实验技能的强化与衔接

实验是物理学的基础。实验操作能力的培养，不仅能促进学生的观察能力、动手能力和科学思维能力的发展，也利于培养实事求是的科学态度，激发学习兴趣。新的中考改革中，也增加了对学生实验操作能力的考核。要实现实验技能在各学习活动中的强化与衔接，需要教师梳理单元学习所涉及的学生实验，在不同实验中逐步提高操作要求，强化基础实验技能，让学生更加顺畅地完成探究实验。

例如，在"欧姆定律"单元，电压表使用的学习活动设计增加了测量电路中电流的要求，并且要搜集三组数据，其意图是巩固测电流的技能，为下一课时欧姆定律的电路连接作铺垫，同时学生也熟悉了通过改变串联干电池节数实现多次测量的实验操作，为欧姆定律探究实验扫除操作障碍。由于此案例已在探究过程中详细描述过，此处不做展开。

3. 探究教学中的单元设计路径

（1）实验数据利用的延续

搜集证据是科学探究的一个重要环节。基于真实的实验数据进行科学探究，有利于学生从被动接受知识向主动获取知识转化，也利于培养学生实事求是的科学态度和勇于创新的探索精神。在以往课堂教学中，实验数据常在得出结论后就被抛弃，但有些实验数据的价值是多元的，还能为后续活动服务，串联学习活动，促进学生深度学习，这就需要教师挖掘实验数据与其他活动之间的关联。

例如，在"欧姆定律"单元，实验数据将单元各学习活动有序串联，为学生呈现一个逐步深入的探究过程。由于此案例已在探究过程中详细描述过，此处不做展开。

又如，在"简单机械"单元"滑轮"一课的"探究滑轮使用特点"学习活动中，学生搜集使用定滑轮、动滑轮提起重物时所需拉力大小与物体重力大小及物体和自由端移动距离等实验数据，归纳出不同类型滑轮的使用特点。在机械功和功率的课时中，滑轮的实验数据可以作为真实情境来强化学生计算机械功、功率，了解实际提升重物时拉力做功和功率的大小。在讨论功能关系时，讲到使用滑轮可以省力但不能省功，甚至在分析使用滑轮的有用功和机械效率时，这些实验数据都将成为很好的事实依据。

（2）科学方法衔接的递进

科学方法是科学探究的重要组成部分，科学方法的学习不能一蹴而就，需要在每次方法运用过程中逐步理解、内化。科学方法的有效落实,需要教师有整体规划意识,明确该方法在不同阶段的学习要求,在每次探究实验中基于学情逐步提高能力要求,使学生真正内化方法。

例如,控制变量法作为初中物理最常见的科学方法,最早出现在伽利略对摆的等时性研究中,只要求学生初步感受控制变量法在探究过程中的运用。在"机械运动"单元"速度"课时中,主要由教师通过视频、图片引导,在比较运动快慢过程中让学生感受控制变量。到了"力"单元,在学生对控制变量法已具备一定的感受基础后,教师可提高对方法的要求,让学生表述或辨析实验结论,如:对"力的作用效果与哪些因素有关"实验的结论归纳;对"滑动摩擦力大小与哪些因素有关"实验的结论归纳和辨析。当学生有了认识基础后,再进一步提高要求,让学生用控制变量法来解释或设计实验方案,如在"探究重力势能大小与哪些因素有关"的实验中,要求学生基于猜想因素,设计实验方案,或是对实验方案可行性的辨析,从而进一步内化方法。

又如,对图像法处理数据的认识深入。八年级"机械运动"单元中,在教师引导下用 $s-t$ 图像分析物体运动情况,学生初步感受了图像法;在探究物体受到重力与质量关系时,用 $G-m$ 图像进行数据分析,得到了正比关系并引入 g,学生再次认识图像法;在探究物质质量与体积的关系时,可提高要求,让小组自行分析数据,运用 $m-V$ 图像处理数据,在教师引导下形成密度概念。若前期的数据处理过程学生能达到相应的教学目标,那么到了探究导体中电流与电压的关系实验中的数据处理环节,学生就能够自行运用图像法处理并归纳结论,以此检测学生对方法的掌握情况。

4. 科学思维教学的单元设计路径

(1) 模型建构

物理模型建构是科学思维的重要体现,初中物理涉及的物理模型较少,但模型建构的意识已经可以逐步培养。在每课时活动设计中,为模型建构搭好脚手架,帮助学生逐步抽象形成物理模型。

例如,杠杆模型是初中物理为数不多的模型,建构杠杆模型的关键是将实例抽象出杠杆五要素并进行分析。为了帮助学生逐步建构模型,对每课时的课堂巩固环节设计如下。

① 第一课时:学生在杠杆模型上作图,巩固强化杠杆五要素。

例1 如图 3-12 所示,硬棒能绕固定点 O 转动,画出 F_1、F_2 对应的力臂 l_1 和 l_2。

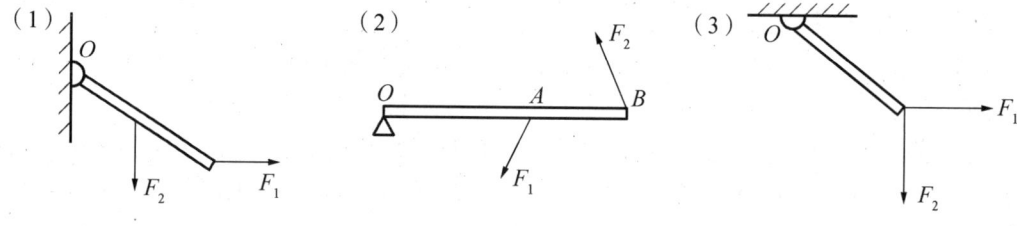

图 3-12 杠杆模型图

② 第二课时:要求在实物图上作出杠杆五要素,从模型到实物,提升学生抽象模型的能力。

例2 图 3-13 所示为生活中杠杆应用实例,请在照片右图中标出杠杆五要素。

③ 第三课时:在第二课时实物图基础上,通过实物体验和理论分析,辨析这三个实例分别属于哪类杠杆,并简述理由。

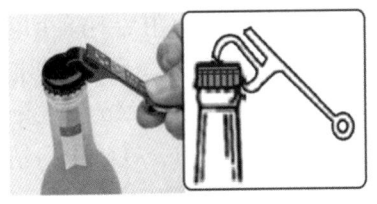

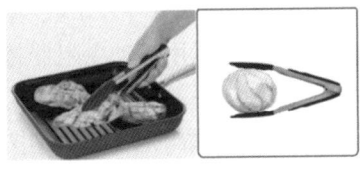

(a) 用开瓶器开瓶盖　　　　　(b) 用羊角锤撬钉　　　　　(c) 用夹子夹食物

图 3-13　杠杆应用实例

上述三个课时让学生连续、完整地经历从认识模型、抽象模型到分析模型的学习过程，最终完成模型建构，提升科学思维能力。

（2）科学推理

科学推理能力是科学思维的重要体现。物理专题是基于正常教学内容的拓展，利于学生综合运用所学知识技能，强化知识应用和融会贯通的能力。每个单元都可有专题，在单元设计背景下，从专题难度、深度及学生认知发展角度去思考，会发现专题与专题之间也存在一定的逻辑推理关系。若能厘清这些关系，由易到难、由浅入深，由一个专题推理出另一个专题，形成系列专题，将减少学生认知障碍，有效提高教学效能。

例如，"欧姆定律"结合串、并联电路特点能延伸出许多专题，如电路计算、动态电路、故障电路、电路作图、测电阻、测电功率等。其中，串联电路计算、动态电路、电路故障之间就有一定的内在联系，而电路作图作为动态电路的延伸，测电阻、电功率可作为前面各专题的综合运用。具体设计如下。

在"串联电路计算"专题中，从计算电路中各表示数[见图 3-14(a)]起步，接着替换一个

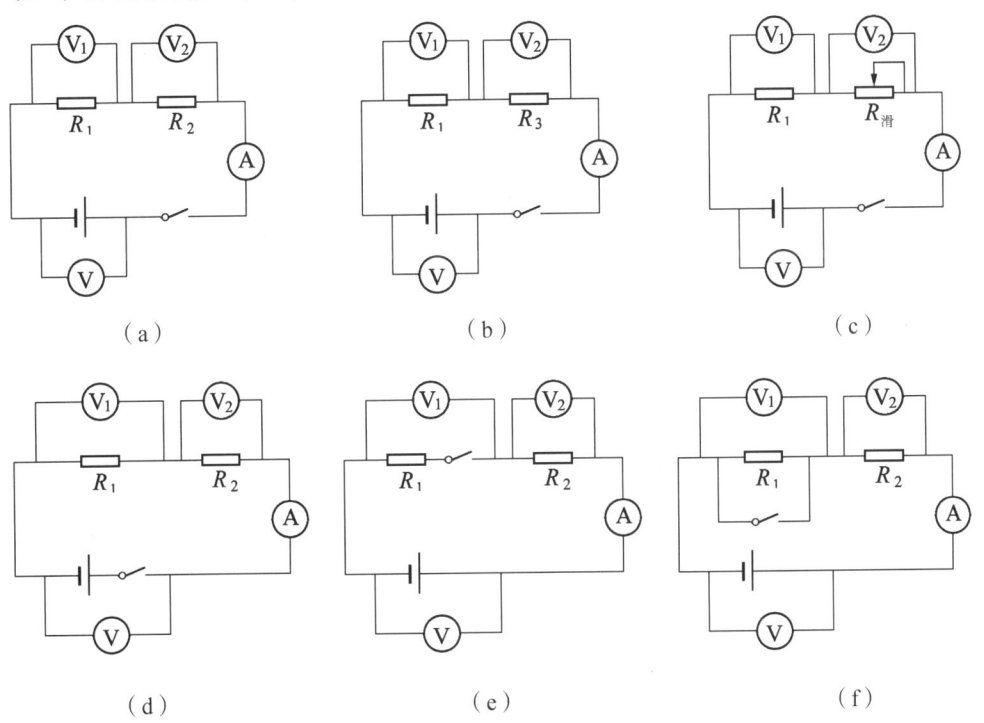

图 3-14　"欧姆定律"电路图

定值电阻强化计算各表示数[见图3-14(b)]，对比两题数据，推理替换定值电阻后对整个电路的影响；最后用滑动变阻器替换定值电阻强化训练[见图3-12(c)]，对比计算所得数据。之后，思考开关的断开与闭合同样也会影响电路中电表示数的变化，分析图3-12(d)开关断开前后电表示数的变化，再到图3-12(e)、图3-12(f)，感受开关的断开与闭合导致电路情况的变化及生活中的运用。在故障电路专题理论分析环节中，可类比上一专题知识，学生自行分析并交流。最后在"用电流表、电压表测电阻""测定小灯泡的电功率"专题中，巩固综合前期专题所学，达到融会贯通的目的。

第四章

公开课实践推进

第一节　物理公开课设计

教研在服务课改、推进课改、深化课改的过程中，最常见、最重要的活动就是组织各级各类的公开课教学。那么"如何设计公开课活动"应当是每一位学科教研员、教研组长需要深入思考的问题。还有"如何形成公开课""如何实施公开课"，这些问题都是必须认真回答的。本节将着重探讨初中物理公开课如何去设计。

一、选择教学课题

无论何种类型的公开课，都具有一定的价值取向。在主题确定、团队研讨、教学展示及反思改进的流程中，公开课承担着研究、示范或评比的功能，具体表现为践行学科新课改理念、研讨教与学规律、破解教学重难点、解决教学真问题等功能。公开课是教师成长的阶梯和有效途径，它对教师的常态课堂起着引领作用，对教师的专业发展具有促进作用。因此，公开课的教学课题选择至关重要。为使教学课题的选择恰当，首先要根据活动的目标或主题，同时又要考虑教师特长和学校特色，还应兼顾参与听课活动的人员构成。选择合适的公开课教学课题，是确保活动目标可达成的导引，是活动有品质的关键。

物理课程有其独特性，因此物理教学一贯重视实验教学并强调实验有效性，关注探究过程的亲历和实验教学的优化，研究长期关注重要概念（规律）的形成过程。由此可见，物理实验和物理学科核心概念及规律的教学实践，是公开课教学课题的主要来源。此类公开课侧重于新课改理念对日常教学的引领与示范。

在各级各类调研或与教师访谈中，所发现的教师在教学实践中遇到的共性问题和困惑，也是公开课教学课题的重要来源。对于这些课题，可结合前期已有的思考和实践基础，再围绕如何突破难点、解决教师实施困惑等方面进行一定的深入思考，并通过研讨团队小范围的实践找寻有效的方法，在公开课展示中呈现问题解决的过程。此类公开课侧重于对真实问题的研究与解决。

公开课教学课题的来源还存在于日常质量监测的数据之中。无论是区域、集团还是学校，都会进行一定次数的教学质量监测，通过数据实现对教师课堂教学效能的过程性监控，指导教师反思并改进日常教学。而通过实测数据与预估难度对比，或通过校际和班级间对比，发现出现明显落差的教学内容，都是公开课课题的实证来源。此类公开课侧重于对课堂实施差异的梳理与呈现。

教师对于习题课、试卷讲评课和复习课的课堂实施普遍缺乏自信，所以在学期复习、学段总复习或区域质量监测后，可以安排以上三种课型的公开课教学，探索这三种课型的有效实施方式以及如何有效落实教学重难点内容。另外，还可根据学校的地域或办学特色以及执教教师的特长，选择能凸显学校亮点、教师特长的内容作为公开课课题。此类公开课侧重于对教学方式的探索与变革。

还有在《义务教育课程方案(2022年版)》中指出:"原则上,各门课程用不少于10%的课时设计跨学科主题学习",意味着学科课程育人要从单一渗透走向协同落实。如何在教学中设计真实的情境,开展基于物理学科本体知识向其他学科跨的教学实践,将会是所有初中物理学科教师面临的共性困惑。因此,初中物理跨学科实践教学,必将成为后续公开课研究的重要主题,这是公开课课题确定的时代要求。此类公开课侧重于课程改革新要求的高品质落实与践行。

二、设计教学流程

(一)基于课程标准

物理学科的课程标准是统领学科教学的纲领性文件,对课程的培养目标、核心素养以及课程独特的育人价值等都有明确的规定,引领、指导着教师的日常教学行为。教学设计是教学实施质量的前提和保障,无论何种类型的物理公开课教学设计,都一定要自觉按照物理课程标准要求进行。

《义务教育课程方案(2022年版)》明确了"坚持素养导向、强化学科实践、推进综合学习、落实因材施教"的实施要求。初中物理学科教学要在有限的课时内达成核心素养的培育,必须依据素养目标确定合适的教学内容,设计适切的教学过程,采用有效的教学方法。要进一步关注物理学与生活、社会的紧密联系,通过真实情境的创设,引导学生在活动中经历发现问题、解决问题的过程,在此过程中完成知识的建构和运用,提升学生关键能力。

《2022版课标》明确了"应将学生核心素养的培养贯穿于物理教学的全过程"。坚持素养导向的初中物理公开课教学设计,必须在有限的课时内为学生创设必要的活动,提供必要的学习经历,从单一课时设计走向单元教学设计。要有结构化的意识,在综合考虑学段、年级、学期、单元目标的基础上,还要结合学情实际,确定每一课时所能或应该达到的教学目标,在此基础上,确定教学内容、创设教学情境、设计教学活动、完成教学评价、选择教学资源等。单元教学设计就是要求教师在课时有限的前提下,宏观把握教学内容和知识结构,厘清课时与课时、活动与活动之间的关联,这样才能达成培养能力、培育素养,引导学生学会学习、学会合作、学会生活,为学生的终身发展奠定基础的课程要求。

(二)尊重教材特色

不同版本的物理教材编写都是按照《2022版课标》的总要求编写的,在确保内容的方向性、科学性、适用性和人文性的基础上,依据不同的地域和学生学习需求,在教材内容选择、组织与呈现等方面体现一定的特色与创新。不同版本的物理教材在编写过程中,都注重体现学科特色,在物理观念的形成中,渗透科学思维、科学探究、科学态度与责任的培育。

物理学是以"观察和实验"为基础、以科学探究为主线的。不同版本的物理教材基本都以科学探究为主线,让学生经历与科学家发现物理概念或规律时相类似的过程,变"接受式学习"为"主动参与式学习",凸显学生在课堂中的主体地位,并在此过程中认识科学探究的基本过程、掌握科学探究的基本方法,从而培养学生的科学探究能力、创新实践能力和实事求是的科学态度及精神。

因为不同版本的教材在内容编排上会有不同,所以进行公开课教学流程设计时,要充分研读教材,尊重教材的编写特色,理解教材的编制意图。例如,同样是对"凸透镜成像规律"的探究,若教材编写是按"先得出全部规律后进行知识应用"的顺序编写,则教学流程应该是先完成全部探究,后进行知识运用。若教材按"得出部分规律后就进行部分知识应用"的顺序编写,教学流程就应该是得出部分规律后立即进行知识运用,然后再进行后续的探究和应用。例如,人教版初中物理教材的电学内容编排为:第十五章"电流和电路"、第十六章"电压 电阻"和第十七章"欧姆定律",学生自学习了电压、电阻这两个物理量后,提出"电压越高,电流可能越大;电阻表示导体对电流的阻碍作用,电阻越大,电流会越小"的猜测。因此,欧姆定律是在完成"探究电流与电压的关系"和"探究电流与电阻的关系"两个实验后归纳得出的。而现行的沪科版初中物理教材,是学习了"电流 电压"后,在探究通过不同导体的电流与导体两端电压的关系时,得出了欧姆定律,再对比同一导体和不同导体间电压与电流比值的数据,得出了电阻的概念。由此可见,教学流程设计要尊重教材,相同的学习内容会因教材编写的差异而采用不同的教学组织方式。

(三)符合学生认知

每所学校、每个班级间的学生能力一定是有差异的。在相同时间段内如何让教与学的内容适应不同能力的学生,进而落实因材施教的要求,是每一位教师进行流程设计时必须要精准预设、精心规划好的。

同样的公开课教学内容,在不同的学校,或者是同一学校的不同班级间,内容处理都可能会因为学生能力不同而存在差异。比如"凸透镜成像规律"的探究过程,如果班级学生的基础并不好,那么"探究规律的得出过程"教学,可以分成两课时完成:① 第一课时通过探究得出"成缩小像"的规律;② 第二课时通过探究得出"成放大像"的规律。如果班级学生基础比较好,则可以在一课时内完成此探究过程的教学,按"引入→实像(将放大和缩小放在同一环节进行解决,为了在有限的时间内顺利推进,可采用不同小组探究不同大小像、然后交流分享的学习方式,得出结论)→虚像→规律→反馈"这样的流程设计,展开全部探究并得出凸透镜成像的所有规律。这就是执教者在基于课程标准的前提下,通过精准的学情分析,落实因材施教的体现。

另外,在教学策略的选择上也需要考虑学生的多样性需求。每位学生都是独特的个体,拥有不同的学习风格、背景知识、兴趣点以及学习能力。教师在教学设计中必须要采用多样化的教学方式,提供多样化的教学资源,从而落实因材施教的要求。目前的学校教学,都是采用班级授课制的方式,要让每一位学生都能在课中体验到成功的喜悦和学习的快乐,教师必须要非常细致地了解每一个学生的个性、能力等,并积极探索支持学生差异化学习需求的教学策略,提升学生的学习兴趣和参与度,不断增强学生良好的学习体验,逐步树立学生的学习自信。

(四)体现教师特色

教师的教学特色是教师个人教学艺术的综合体现,是教师经过长期的教育教学实践所形成的独特教学风格,是能体现每位教师特点的个性化教学方式,也是教师所理解的学科教学内涵与意义的外显表达。在公开课教学中,依据教师个人特色进行的教学设计,不仅可以体现教师个人的教学智慧和教学魅力,还可以让参与的学生和观课的教师感受到不一样的教学氛围。

教师的教学特色来源于对学科教学的理解与内化。教师在个人的教学过程中会不断地研究和内化本学科教学规律和学习规律，并不断付诸实践进而形成自己的教学特色。例如，教师认为实验在物理教学中有不可替代的重要作用和意义，就一定会对实验教学进行长期的研究和实践，会不断地思考如何创新实验器材、实验手段以及实验数据的处理等，在此过程中形成自己对实验教学的研究心得和独特做法，这就是教师的教学特色。

教师的教学特色也是对课程与教学改革要求的回应。每一轮的课程与教学改革在促进育人方式的转变上都有明确的目标，以教学理念的形式传递给每一位教师；教师深入学习与内化后，就在教学实践中对课程与教学改革理念作出回应并转化和落实行动，这样也会形成教师的教学特色。

教师的特色与教师的性格特点、兴趣爱好和擅长能力等因素相关。在公开课教学中，往往可以通过教学语言的设计、教学方式的组织和师生互动的技巧等方面展示教师的教学特色。例如，语言表达能力强的教师在公开课教学中可以用生动、形象且具有感染力的语言，营造和谐的师生互动气氛，并可以通过独特的教学评价激发学生的学习兴趣和体验参与学习的成就感。又如，擅长信息技术使用的教师就可以通过设计具有互动性的教学课件提升学生的课堂参与度，也可以通过相关平台技术的使用实现学生学习过程的可视化等。

三、确定物理实验

物理学是一门以实验为基础的自然科学。实验教学可以让学生亲历物理知识的形成过程，探秘物理概念和规律的本质，感受科学研究的魅力和价值，培养学生热爱科学的情感和志趣；能极大地调动学生的学习兴趣，并为他们在将来有意向投身科学事业奠定坚实的基础。在实验教学的过程中，能促进学生的主动观察、动手操作、分析归纳、问题解决、团队合作、表达交流及质疑创新等能力的发展。实验教学是物理课程核心素养落实的重要路径，是物理课程育人目标达成的重要载体。因此，实验是物理教学研究和创新的永恒课题。

（一）创新性

创新物理实验有助于提升实验教学的探索性、有效性和趣味性，可以吸引学生的注意力，激发他们探究未知领域的好奇心，在发现问题、动手操作、观察现象、分析归纳、表达交流等环节中，培养学生的创新思维和实践能力。实验创新包括实验器材的创新、测量方法的创新等。

实验器材的创新主要是为了突破教学的重难点。如在"探究光的反射定律"实验中，需要通过实验帮助学生发现并确定反射光线与入射光线的位置关系。传统的实验器材（见图4-1）是一块垂直于桌面的固定面板，面板上有一扇可以向后打开的小门。实验时入射光线沿面板射到镜面后发生反射，如果将小门向

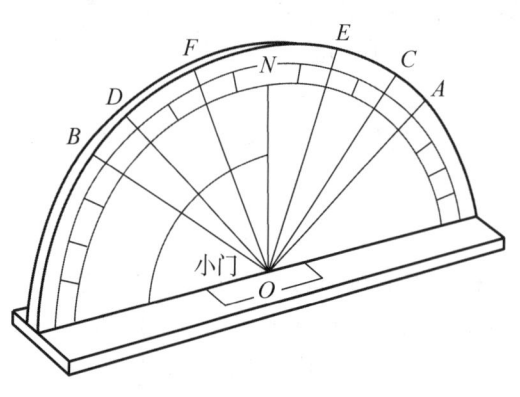

图4-1　传统实验器材

后打开，此时学生会发现只有和入射光线在同一平面上的面板部分才能看到反射光线，而小门上不再能看到反射光线，于是得出了反射光线和入射光线在同一平面上的结论。利用这个实验器材进行探究，其实反射光线和入射光线所在的平面在实验前就已经被固定了，就是那块有小门的固定面板。而按照在空间中确定一条"线"的位置的思维顺序，应该是从三维空间中——一个平面上——平面的一部分——确定具体的位置，很显然这个传统的实验器材直接给出的是一个确定的平面，不利于引导学生经历真实的探究过程。要解决这一问题，可以在传统基础上创新实验器材。

上一章中图3-4所示的自制实验器材"光的反射实验仪"，就是为了能帮助学生有效建立光的反射模型，使光的传播路径可视化，既激发学生的探究兴趣，又使实验现象更加清晰直观。在上方圆环上固定的激光光源可以360°转动，实现了入射光线在立体空间内任意位置的射入，两块可任意移动组合的金属面板，可以清晰地呈现在三维空间中每一次实验的入射光线和反射光线。实验时，学生利用两块面板完成任意一次光的反射路径的清晰呈现，并在此基础上提出基于实验事实的大胆假设：反射光线、入射光线在同一平面内，并且这个平面是垂直于反射面的。在科学探究过程中的猜想与假设环节，由于光线是一个理想模型，因此学生对光的反射路径是缺乏生活经验的，而实验器材的创新能帮助学生搭建猜想活动的支架，学生可基于观察到的实验现象作出有证据的假设，从三维空间顺利过渡到一个平面上，从而培养学生猜想与假设的证据意识和严谨的思维品质。此外，这个自制实验器材还可以在保持入射点不变的情况下，通过改变激光笔的位置和角度，实现多个平面进行研究，不仅实验结果更具有普遍意义，也为后续法线的引入做了必要且有效的铺垫。

随着科技的飞速发展，教学数字化转型已是课堂教学改革的必然趋势。在此背景下，传统的测量仪器和数据处理方法也正在被逐步替代，数字化测量工具和数据处理方式的运用，不仅可以使物理量测量和处理变得更简单便捷，还可以使实验更加精准和可靠。比如可取代弹簧测力计的力传感器，不仅使力的测量更加方便，还可以弥补弹簧测力计在测向下拉力时调零上会出现的误差。同样，可取代常用温度计的温度传感器以及各种数字式电流表、电压表等，都能便捷地实现物理量的测量以及与电脑数据的无痕传输，让数据测量更具精准性、数据分析更具高效性，而且图像生成更及时。数字化实验器材的出现，将让传统实验逐步退出历史舞台，比如模块电路的出现就会逐渐取代传统的连线电路。另外，伴随着智能手机的快速普及，其内置的各种传感器和应用程序也能帮助我们完成多个简单的物理实验，如大气压强、自由落体加速度、声音响度的测量等，不仅让实验更加便捷和高效，而且丰富了实验手段，也让物理学与社会生活之间的联系更加紧密。

（二）有效性

物理实验的有效性对学生的物理学习和终身发展都具有重要的意义。学生在动手实践过程中，可以内化物理概念或规律，并将抽象的知识转化为具体的经验。通过经历观察、提问、假设、实验设计、获取证据及解释交流等环节，实现科学思维和科学探究能力的培养，发展解决问题、动手实践及团队协作的能力。

实验目标明确是实验有效性的前提。首先，实验目标要与课程目标保持一致，帮助学生在动手实践的过程中内化与理解物理概念或规律。其次，科学探究包括问题、证据、解释、交流等要素,各要素的培养不可能在每一个实验中都面面俱到,教师要厘清不同的实验在科学探究要素培养目标上的侧重点,并根据确定的能力目标设计与推进实验教学流程。

学生主动参与是实验有效性的关键。首先,教师应该提供足够的引导和启发,让学生参与实验的各个阶段,从问题的提出、方案的设计、现象的观察、证据的收集到解释交流等,通过亲身体验和主动探究去感知物理学习的价值和意义。其次,教师可结合实验器材的创新激发学生参与实验的兴趣和好奇心。

例如,在探究"通过导体的电流与什么因素有关"的实验中,我们通常都是提供金属导体给学生进行实验探究,但学生并不了解金属导体的结构,也无法根据教师提供的器材直观地观察到它们的内部结构,有种纯粹是为了探究得出欧姆定律而使用此器材的感觉,而且因为学生对不同金属导体的结构一无所知,所以对下节课学习"影响导体电阻大小因素"需进行的猜想和假设也没有任何启发与铺垫,这样的教学设计欠缺单元设计的意识,课时与课时之间除了知识点本身以外其他联系都不大。然而,如果大胆尝试用学生更为熟悉的铅笔芯来代替金属导体进行探究,实验效果则大相径庭。在欧姆定律这一课中,如果提供给学生不同规格、不同长短、不同粗细的 HB、2B、4B 铅笔芯(尝试后发现 6B 铅笔芯较容易受温度影响)来探究电流与电压的关系,也能很顺利地得出实验结论,达成欧姆定律的主要教学目标,更主要的是学生直观地看到了这些导体的不同,为下一课时"影响导体电阻大小因素"的猜想与假设环节提供了事实依据和猜想支架,还能为后续滑动变阻器的学习埋下伏笔。一个实验器材的大胆替换,就顺利地将整个单元的学习进行了有效的串联。课堂实践也证实了用学生每天使用的铅笔作为器材,让实验变得有趣而亲切,大大调动了学生参与探究的积极性,在惊叹于小小铅笔芯里面还能蕴含着物理知识的同时,让他们感受到了物理学是从生活走向物理,又从物理应用于社会的学科本质。

(三)趣味性

物理实验的趣味性可以提升教学的热度。物理学中有的概念和规律比较抽象因而难以理解,教师在组织教学的过程中往往需要通过有效的情境创设和活动设计,帮助学生化解学习的难度,建构新知与原认知的联系。

电压是重要的电学基本概念,是学生学习其他电学概念和规律的基础,也是初中学生感到很抽象、很难理解的概念之一。沪教版初中物理教材九年级第一学期第七章第一节"电流电压"中,通过一张水轮机卡通插画将电路类比成水路,形象直观地为学生搭建思维台阶,帮助他们更好地理解电压的概念。在实际教学中,比起观看插画或动画,教师如果能自制一台仿真"水轮机"摆在学生面前,教学会更具直观性和吸引力。如图 4-2 所示就是教师自制的"水轮机",与简单电路一起呈现,能帮助学生更加直观地理解电流与水流在形成条件上的相似性,从而更好地理解电压的概念。

另外,老一辈物理教育家传下的经典语句"瓶瓶罐罐做仪器、拼拼凑凑做实验"也提醒着我们充分利用身边唾手可得的日常用品开展物理实验教学,这对于学生学习兴趣的激发作用不可小觑。无论在课前、课中还是课后的活动,当学生发现原来可乐瓶可以做无数个实验,洗衣机排水管也能发出美妙的声音,装水的酒杯可以演奏乐曲,不起眼的吹风机竟然可以让自己感受到气体的流速与压强,用辉光球可以实现徒手将日光灯管点亮等,这些小实验

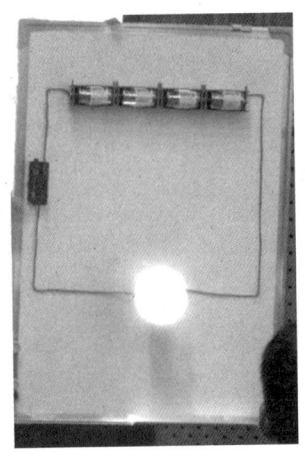

图 4-2　教师自制的"水轮机"

虽然蕴含的物理知识并不深奥,但绝对可以将学生的学习热情点燃。课堂上像"魔术师"一般神奇的物理教师,可以让孩子眼中的物理学科不再难学、不再高冷。充分挖掘物理实验教学的魅力和价值所在,可以让学生体会到物理教师的美、物理课堂的美和物理学科的美。

四、制作教学课件

教学重点是依据物理课程标准确定的,教学难点是根据任教班级的学生实际水平确定的。因此,同一教学内容在不同教师的教学设计中,教学重点应是相同的,但是教学难点则有可能并不相同。

教师在进行课堂教学设计时,须提前预设好突出教学重点、突破教学难点的方法,除了有效的情境创设、真实的活动探究、精准的提问设计外,教学课件也是突出教学重点、突破教学难点、实现教学效能提升的关键。随着科技的迅速发展和教育方法的不断创新,课件已经不仅仅是简单的幻灯片或演示文稿,而是多媒体资源的有机整合,可以综合利用图像、图表、动画、音频和视频等元素,以生动、直观的方式呈现。

(一)重点的突出

传统的教师讲授和习题操练,重在实现知识的机械性记忆,而不在于促进学生理解和内化教学重点内容。此时,课件的设计与课堂呈现可以成为一种强有力的工具,能够帮助教师更好地引导学生的学习,使教学过程更加生动、有效。比如利用图表和图像可以直观地展示数据之间的关系,利用动画和视频可以让比较危险或没有条件完成的实验和现象在课中呈现。此外,课件还可以通过有效的互动,如问答、思考、小测验等,引导学生主动思考和参与讨论,加深对教学重点的理解和掌握。

在"牛顿第一定律"一课中,教师制作课件时注意选择适当的模板、布局、配色和字体等,使重点内容更加醒目和突出。图 4-3 所示是教师设计的课件封面,清新的配色和生动的卡通人物,为课堂导入营造了生动活泼的氛围,既吸引了学生的注意力,同时也将本课时中四位物理巨匠之间的人物关系呈现给学生。

多媒体元素的充分运用是课件设计中突出教学重点的有效手段。教师利用精心设计、

(a)

(b)

图 4-3 "牛顿第一定律"课件封面

制作和剪辑的图表、图像、动画、视频等,可以直观地展示关键概念或规律的形成过程。例如,使用思维导图可以呈现知识之间的关联和层次,使用图像可以生动地描绘实物或场景,使用动画可以动态模拟实验的过程和物质的内部结构等。这些多媒体元素的有效运用可以帮助学生更好地理解和记忆教学重点。图 4-4 所示就是"牛顿第一定律"一课中,利用思维导图的形式将跨越 2 000 多年运动和力的发展脉络清晰呈现。

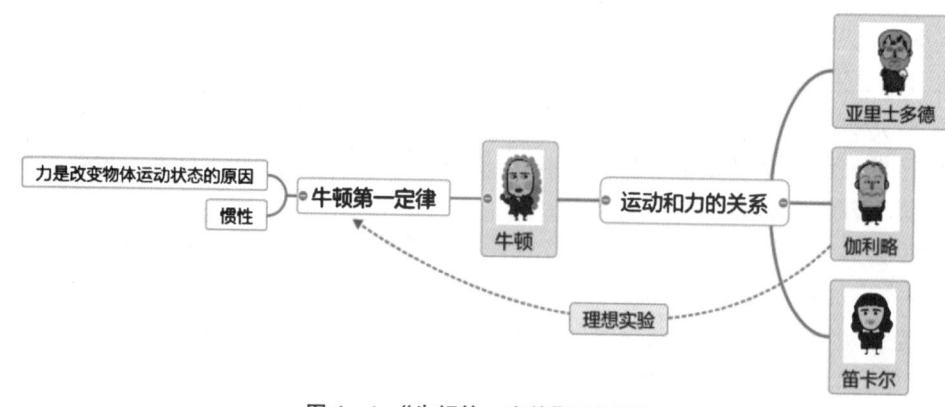

图 4-4 "牛顿第一定律"思维导图

(二) 难点的突破

教学难点可能是抽象概念、复杂原理或规律的推理演绎过程等,通常是教师基于学生学情实际预设的难点内容。

例如,"比热容"一课要突破的教学难点是"理解比热容的概念"。教师可以通过制作动画和设计小游戏环节,帮助学生直观理解该难点内容。通过课件的动态漫画演示,将热量与水量类比,温度与水位类比,学生可以更加方便地理解"不同物质的吸热能力不同,水的吸热能力要比煤油强"这一规律。

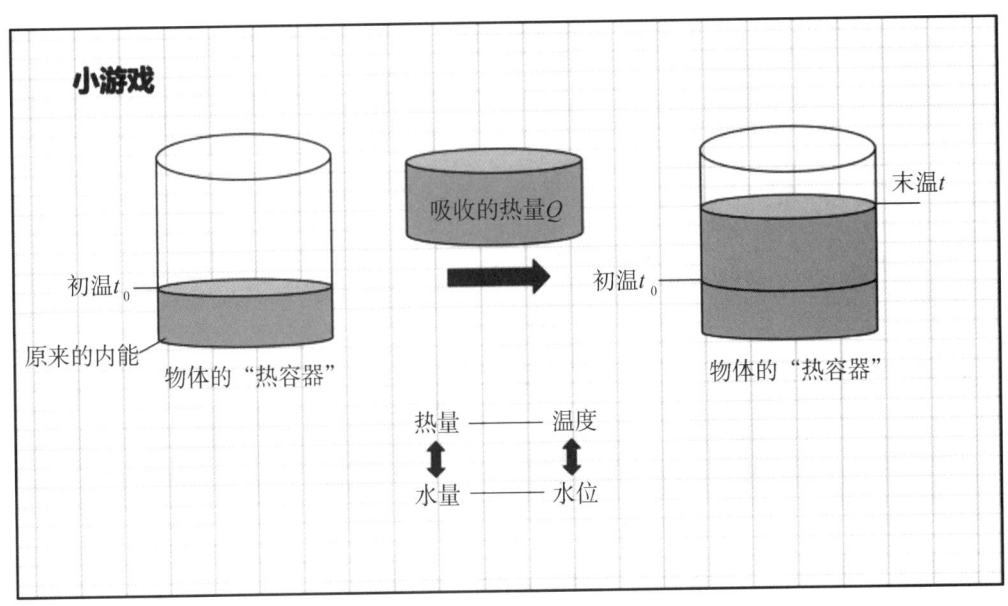

图 4-5 "比热容"一课的课件设计

又如,在"神奇的杠杆"一课中,教师利用课件动态展示用弹簧测力计以不同的角度拉杠杆的过程,学生通过动画可以清晰、直观地发现弹簧测力计拉力大小随力臂大小的变化规律。还可以将人低头时的杠杆模型制作成动画在课中展示,帮助学生更加直观地发现人低头时这一杠杆模型中力和力臂的大小变化,如图 4-6(a)所示。

再如,"原子"一课的难点为"原子的核式结构模型的建构"。要突破这一难点,学生必须理解卢瑟福的散射实验。但是 α 粒子轰击金箔的实验是比较复杂的,其中涉及的物理知识超出了学生的认知,如何深入浅出地让学生理解这个实验,此时课件的制作尤为关键。在多次尝试后,教师采用了设计一个宏观实验来模拟微观实验的突破方法。选取质量小的乒乓球去撞击质量大但体积小的小铁球,绝大多数乒乓球因撞击不到小铁球继续以直线向前运动,若乒乓球正面撞击到小铁球便会被 180°弹回;若乒乓球侧面擦到小铁球便会以较大角度散射,这一现象与 α 粒子轰击金箔的实验现象是基本一致的。这个自创小实验通过构建一个简单而直观的模型,大大提高了教学的有效性,降低了学生认知的难度。小铁球和乒乓球都是学生生活中非常熟悉的物体,学生对球与球之间的碰撞是有经验的。通过模拟,学生可以更加直观地了解原子核的结构和特性,并且在实验中亲身体验物理现象,完成对卢瑟福实

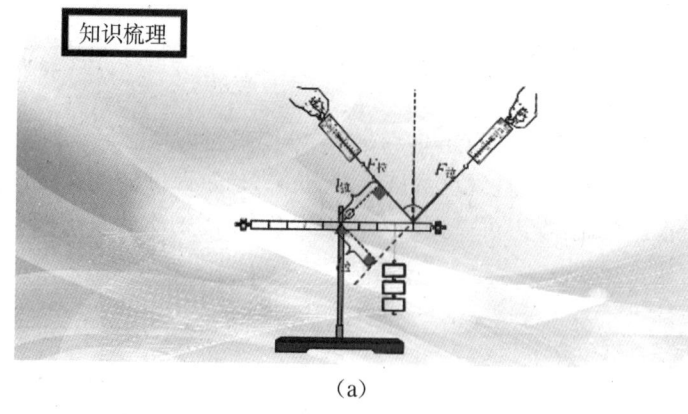

(a)

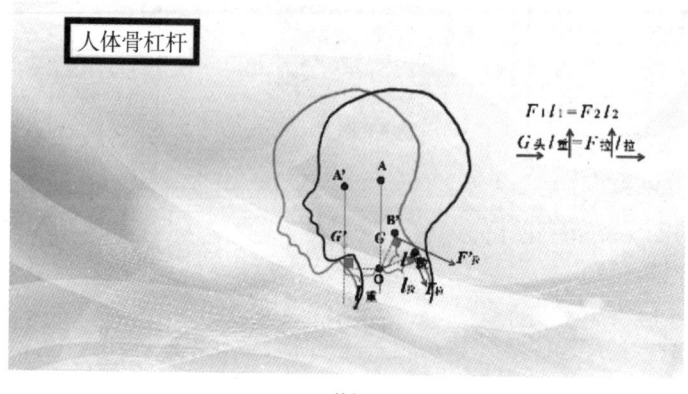

(b)

图 4-6 "神奇的杠杆"一课的课件设计

验的初步认识。同时,这个实验课件的设计也体现了教学的创新性。物理是一门实验科学,而在面对无法呈现的实验时,可以尝试新的探究思路,比如通过宏观实验来揣测原子内部的奥秘。借鉴这种方法用于研究其他领域的问题,能帮助学生更好地理解物理学中"模型"的概念,同时激发了学生的探究兴趣,提高了他们对物理学科的学习热情。

(三)效能的提升

物理课堂教学的课时数和每节课的时长都是有明确规定的,要在有限的时间内就完成教学任务,许多耗时较长的实验或者用于教学诊断的检测练习可以利用有效的课件制作完成,从而提升教学效率。

比如教"固体或液体间的扩散""水结冰或融化的过程"等内容,都有可能超出 40 分钟,要在课内完整地呈现整个过程显然不可能做到。传统的做法是提供实验过程中几个时间点拍摄的照片来引导学生观察现象,而利用多媒体及视频处理软件制作的课件,则可以不受时间限制地向学生完整展示实验过程。如一瓶 500 毫升的水放在家用冰箱内结成冰大约需要 4 小时,要想通过录像的方式清晰记录整个过程,要同时考虑拍摄时长及设备的抗冻性两个因素。真实的结冰的过程虽然十分缓慢,但可以通过在冰箱里固定摄像机机位每分钟拍摄一张照片、连续拍摄 4 小时后,用 Premier 软件进行后期处理生成视频的方式来解决。但这样也有问题,就是锂电池在 0 ℃ 以下的低温环境中活性降低,加上要把摄像设备一同放入冰箱进行拍摄这一严苛、复杂要求,这个视频课件的制作难度太大。不过如果换个角度思考就能顺利解决,即先拍摄常温下冰融化成水的视频,然后通过技术处理让视频倒放就可以清晰呈现水结冰的过程。在"密度"知识的学习过程中,就可以利用这一方法:先拍摄冰融化成水的过程,通过软件在后期逆序调整,在几秒钟内完美呈现"水遇冷结冰"的实验现象,学生可以通过瓶上所标记的刻度线,发现水结冰后体积会变大,从而掌握冰的密度比水的密度小的客观事实。

当然,课件只是教学的辅助工具。教学中教师的教学方法和有效引导仍然起着关键作用。教师应灵活运用课件,结合适当的教学策略和互动环节,激发学生的主动参与和思考,营造积极的学习氛围。

五、应用教学平台

在当今教学数字化转型的大背景下,教学平台的合理使用有助于激发学生的主动学习和深度学习。首先,教师可以借助教学平台拓展教学时空,实现学生课前的自主学习、课中的深度学习和课后的延伸学习。其次,教师可以利用平台便捷的交互功能,在课中设计富有挑战性的学习任务,激发学生的好奇心和求知欲,驱动学生主动走进课堂,促进学生自主、合作、探究学习,教学视角也实现了从关注教师的"教"走向关注学生的"学"的转化,课堂在"师生互动""生生互动"的基础上,增加的"人机互动"进一步提高了学生的课堂参与度。另外,各种教学平台通常都具有便捷的数据采集和建模功能,课中根据学生的真实学习,及时生成过程性、差异性数据,助力教师构建真实、可解读的学生特征画像,这是实施个性化学习路径的基础,体现了技术赋能教学的不可替代性。

(一)"三个助手"平台

上海市依托上海智慧教育平台(即"上海微校"),建设中小学数字教学系统(见图 4-7),研发备课助手、教学助手以及作业辅导助手(简称"三个助手"),融入数字教材、"空中课堂"视频课等优质资源,为师生打造线上线下深度融合的教学空间。

以沪教版初中物理教材九年级"液体内部的压强"一课为例,展示如何依托备课助手和

图 4-7 上海市中小学数字教学系统主界面

教学助手在物理教师备课和教学中发挥关键作用。

1. 备课助手——备课一帮一

在传统的备课中，教师除了撰写教学设计，通常还要准备 PPT、学习单、评价表、涉及实验教学的还要准备相应的实验器材，这些材料的准备分散且繁琐，以“液体内部的压强”一课为例，教师在本节课前需将学生用的课堂学习活动卡和 U 形管压强计等器材下发，由于受文本载体的限制，任务单通常只能包括文字或者图片，形式比较单一，如图 4－8 所示，是本节课原先的学习活动卡。

学习活动卡

探究实验

实验一

实验目的：探究液体内部压强与液体深度关系

实验序号	1	2	3
水中的深度（厘米）	5	10	15
压强计液面高度差（厘米）			

归纳实验结论：

同种液体，液体内部压强____________________.

实验二

实验目的：探究液体内部压强与液体密度关系

液体中的深度（厘米）	5	5
液体种类	水	盐水
压强计液面高度差（厘米）		

归纳实验结论：

同一深度，________________________

图 4－8　学习活动单

要求学生按顺序完成“实验一”和“实验二”，活动卡已经将学生在本节课中要完成的实验探究完整地呈现了出来。学生按照活动卡上的内容进行填写，很难再去完整地体验科学探究中基于观察和实验提出物理问题，以及形成猜想与假设这两个过程，也会失去对后续课程的新鲜感和好奇心。

针对这些问题，备课助手将成熟教师的经验转化为可借鉴和共享的资源。平台上提供了数字资源、教学设计、课件编辑等功能模块，支持教师通过个性化和创新性的编辑工具来优化课前准备。它在传统的 PPT 工具的基础上，增加了时间轴的功能，教师可以横向添加课堂学习活动。如在“液体内部的压强”一课中，教师设计了四个课堂学习活动“情境引入，体验与猜想，学生实验和理论推导”分布在时间轴上，这四个课堂学习活动对应了教学设计的四个环节(见图 4－9)。

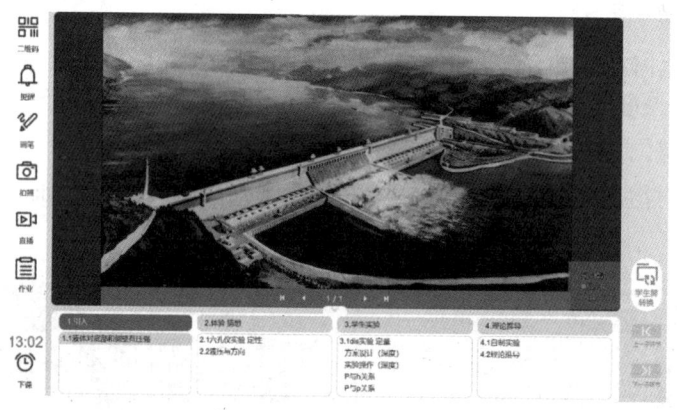

图 4－9　“液体内部的压强”一课的备案助手界面 1

纵向可以添加活动子进程。在纵向添加子进程时，备课助手预设了阅读类、实验类、测验类、评价类、作业类五大类的学习活动，每一大类中又预设了若干更详细的子活动。

通过“阅读类”板块，教师设计了下发实验器材的使用说明书，学生对照说明书进行实验操作，针对实验中的困难或错误，学生可以自主分析原因。

通过“实验类”板块中的“实验操作”功能，教师设计了拍录像上传的任务单，学生利用自制六孔仪完成实验并拍录像上传，基于实验现象进行讨论和猜想，如图 4－10(a)所示。

通过"实验类"板块中的"实验设计"下发实验设计方案,学生可以通过下拉框选择使用的液体和探头下放的深度,引导学生运用控制变量法制订简单的探究方案,如图4-10(b)所示。

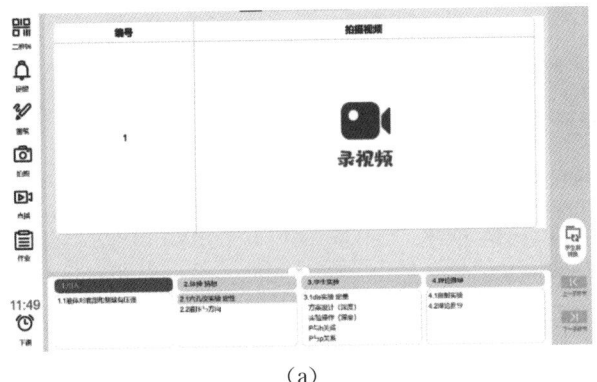

(a)

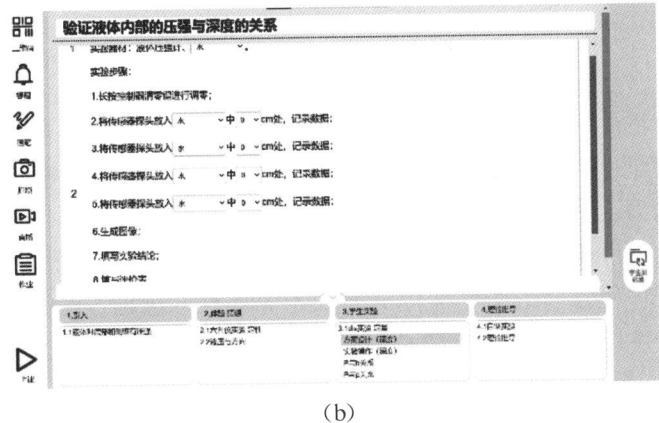

(b)

图4-10 备课助手界面2

通过"实验类"板块中的"实验操作"功能,教师设计了与DIS液体压强计融合使用的实验记录任务单。学生扫码连接传感器,传感器的数据便可直接同步在实验数据记录表格中。学生通过表格再进行数据的分析,填写实验结论,如图4-11所示。

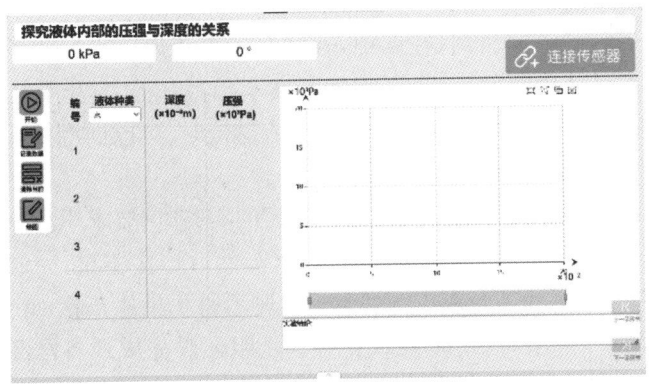

图4-11 备课助手界面3

通过"评价类"板块中"学生自评"的功能,下发探究实验的活动自评表,引导学生对实验活动进行总结和评价,如图4-12所示。

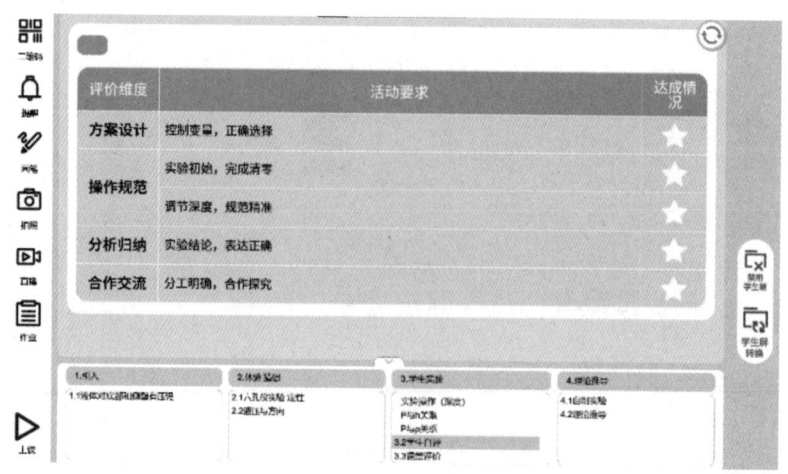

图4-12 备课助手界面4

通过"测验类"板块中"手写板"的功能,教师下发了让学生进行理论推导的任务单,他们可以在Pad上像在纸上一样地书写,不仅可以顺利完成理论推导的任务,还可以及时回收和呈现所有小组的结果。

备课助手将教学设计、演示文稿、学习活动单、自评表等学习材料整合于一处,课堂任务单被拆分成多个子进程分布在时间轴上,形成具有整体性和进程性的课堂时间轴。教师可以依据学生课堂的生成,实时地调整教学进度,选择课堂活动呈现的先后顺序,也可以提前预设一些课堂活动,为课堂注入了更多的想象力。

2. 教学助手——互动一加一

随着课程改革的深入,教学方式的创新变得尤为重要。教学助手通过精准的数据分析和优质的资源支持,促进了启发式、互动式、探究式和合作式等多元化教学方式的实施,进而实现了教学效果"1+1＞2"的增效。教学助手为教师和学生提供了互动工具和数据分析等功能,支持师生共同利用技术资源开展更深入、有效的教学活动,改变了原有的课堂授课模式,从而更好地满足学生的个性化学习需求。

以"液体内部的压强"一课为例,在课中,教师有条不紊地分步投放了多个任务,如学生利用自制六孔仪体验液体内部的压强时,教师下发了拍摄任务,学生分工合作,将实验过程用视频拍摄下来,成果得以保存和及时呈现,在交流讨论时,可以回溯实验的过程,做到有据可依地讨论,做出有依据的猜想与假设。

又如在进行探究"液体内部压强与深度的关系"的实验时,要求学生小组合作,先阅读器材使用说明书,学会使用器材,再合作完成实验设计,然后连接器材,完成实验,最后分析数据得出结论,这一系列的活动指令在传统课堂里教师不得不集体布置,等到学生都完成得差不多时,一起进入下一个环节,这个时候难免有些小组还没完成或者已经等候多时,这样的教学流程不能满足学生的个性化需求。而通过教学助手平台,教师先后下发了器材说明书、实验设计任务单、实验操作任务单和活动自评表,学生可以根据他们小组的进度进行学习,大大提高了学习的自主性。

另一个突出的优点是 DIS 器材的使用让课堂更高效,以往使用 U 形管压强计来探究液体内部的压强时,会出现实验现象不明显的问题,而 DIS 液体压强计拥有灵敏的探头,保证了测量数据的稳定性、科学性和准确性。"三个助手"平台内置了各种 DIS 器材的连接通道,学生通过扫描二维码就可以将 DIS 器材与"三个助手"平台相连接,DIS 的实验数据便会直接同步到实验操作界面,方便快捷;其次,教学助手强大的数据分析功能助力了重难点的突破。以往教学过程中,学生通过 U 形管压强计完成实验,只能得到液体内部的压强与深度的定性关系,而利用教学助手,学生在表格里记录数据,再点绘图按钮,便可生成相应的图像,大大减少了描点作图的时间,提高了课堂效率。教学助手还提供了个性化的功能拓展,如在本节课中,将所有小组的图像和数据进行汇总,从小组结论拓展到全班结论,如图 4-13 所示。

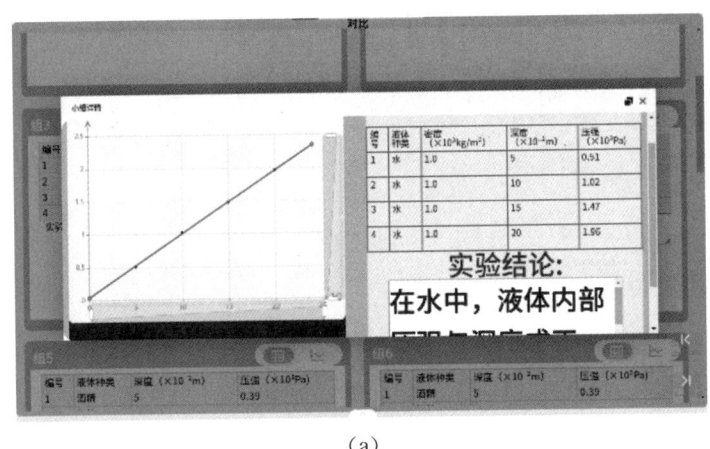

(a)

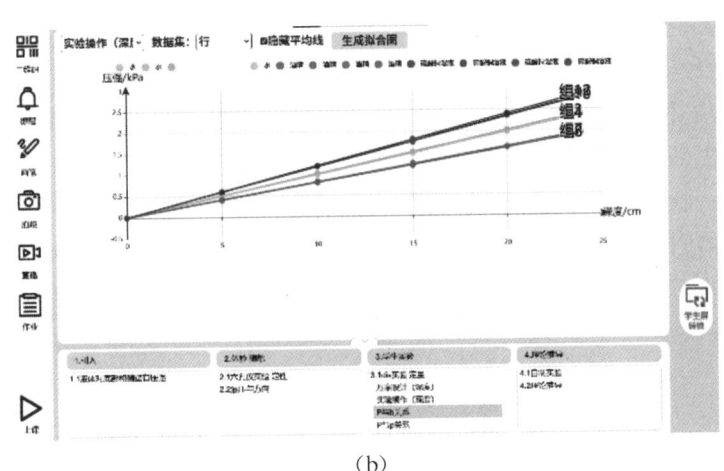

(b)

图 4-13　图像生成与数据汇总

通过备课助手和教学助手多种功能的组合,学生完整地在课中经历了科学探究的过程,任务单的分步投放保留了学生在课堂活动中的新鲜感和求知欲。实验现象、实验数据的收集，并通过平台内置的数据分析的功能，这些技术的支持有效提升了学生的证据意识、问题解决、反思交流的科学探究能力，对培养学生的核心素养有重要的价值。

3. 作业辅导助手——辅导一对一

作业是连接课堂学习与自主学习的重要桥梁。针对作业中存在的个性化需求难以满足、反馈不及时等问题，作业辅导助手通过智能技术和算法支持，为学生提供"一对一"的个性化辅导。该助手提供了多样化的作业形态和即时反馈机制，支持教师和学生在课内外多场景下使用，从而提高作业的有效性和学习的自适应性。以"液体内部的压强"一课为例，作业辅导助手中的作业布置如图 4－14 所示。

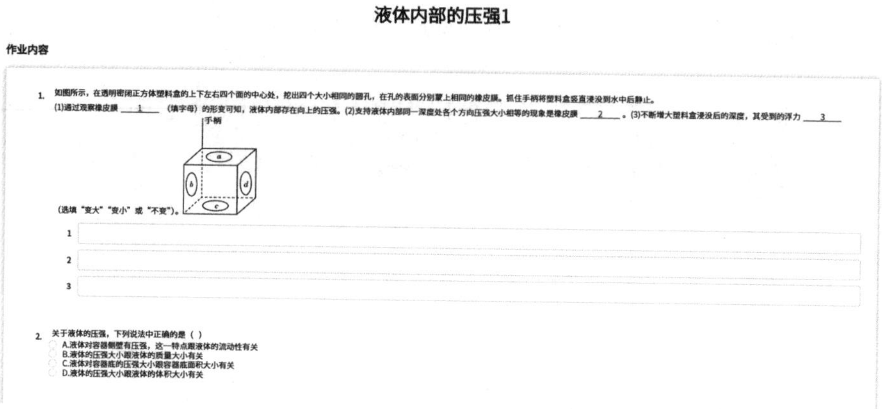
液体内部的压强1

作业内容

1. 如图所示，在透明密闭正方体塑料盒的上下左右四个面的中心处，挖出四个大小相同的圆孔，在孔的表面分别蒙上相同的橡皮膜。抓住手柄将塑料盒竖直浸没到水中后静止。
(1)通过观察橡皮膜 ___1___ （填字母）的形变可知，液体内部存在向上的压强。(2)支持液体内部同一深度处各个方向压强大小相等的现象是橡皮膜 ___2___ 。(3)不断增大塑料盒浸没后的深度，其受到的浮力 ___3___ （选填"变大""变小"或"不变"）。

1
2
3

2. 关于液体的压强，下列说法中正确的是（ ）
A.液体对容器侧壁有压强，这一特点跟液体的流动性有关
B.液体的压强大小跟液体的质量大小有关
C.液体对容器底的压强大小跟容器底面积大小有关
D.液体的压强大小跟液体的体积大小有关

图 4－14 "液体内部的压强"一课的作业

通过"三个助手"的集成应用，不仅优化了教学准备和实施过程，还为学生提供了更加个性化和高效的学习体验，进一步提升了教育教学的整体质量。

(二) 希沃平台

希沃教学平台，是以交互式触屏电脑为主体，专门为互动教学设计的平台。初中物理课堂结合希沃平台进行备课和授课，可以改变传统的"一言堂"授课模式，让课堂增添亮点。

首先，可利用平台实现辅助教学。如在"摩擦力"一课中，课前选择学生在家里就能完成的摩擦力小实验，制作成"知识胶囊"以视频的方式提前发布，引导学生自主完成课前实验体验，并将学习中的问题保留形成笔记。课后在视频中插入问题，要求学生解决问题并给出答案。这种方式结合视频完成课后练习的方式，让学生体验到了知识的价值，也激发了解题的兴趣。具体内容如表 4－1 所示。

表 4－1 活动设计和目标

活动设计	活动目标
① 用数码相机拍摄，用 iMovie 等剪辑软件剪辑 ② 根据需要插入问题，设置答案 ③ 发布微课，帮助学生做好预习或巩固学习成果	① 学生可以提前在家参与实验，增强体验感 ② 激发学习兴趣，提高自主学习能力 ③ 结合实际的视频情境练习巩固学习内容

其次,利用希沃平台能增强课堂互动的有效性。如在"杠杆的应用"一课中,学生分小组活动后,可利用系统自带的随机点名功能随机抽选上台展示的学生,增加展示活动前的趣味性。在展示过程中,可在希沃白板中及时插入参与展示的小组活动照片,让学生配合希沃教学软件,以图文结合的方式进行解释,这样可以理清学生的讲解思路,也便于其他学生理解。

物理课中经常会有演示实验,利用希沃授课助手的同屏功能同步到大屏幕进行展示,就可以让演示实验看得见、看得清。如在"内能"一课中,展示压缩硝化棉使其燃烧的实验,可以用同屏功能并慢速播放,让学生细致地观察到火苗瞬间燃烧的情景。

最后,可利用希沃白板内思维导图和蒙层功能的组合,建构知识框架,提升课后小结的思维品质,促进深度学习的发生。具体内容如表4-2所示。

表4-2 教师行为和教学效果

活动设计	活动目标
① 根据课程要求利用思维导图功能梳理本节课重要知识点。使用蒙层功能遮挡各分支的子主题 ② 在学生总结后,根据学生总结进度,将蒙层去除	① 增强物理课堂交互性、趣味性,避免了传统PPT教师设计与学生思维活动顺序不同导致的问题 ② 促进学生积极思考,构建完善的知识体系

在课后,教师还可以利用希沃平台的"班级优化大师"对于学生的课堂表现和学习成效等进行全方位评价,并设置光荣榜,促使学生以更积极踊跃的心态投入课堂教学中。

六、展开教学活动

教学活动设计事关教学目标的达成度。传统的教学流程是:知识—结论—解题。教学的着力点在于"解题",教师通过学生解题的正确与否去判断知识的掌握程度。这样,从"知识"到"结论"的过程所用教与学的时间很少,因此课内设计的大部分师生活动只涉及选题、解题、讲题,这样的教学方式虽然可以培养出解题高手,但培养不了能解决实际问题或具有创新能力的人才。素养导向的教学流程则是:知识—素养—能力。在这一教学理念引领下的课堂教学,是要让学生亲历真实问题的发现与解决过程,进而落实素养、培育能力。因此,课堂教与学的着力点必须置于"知识"到"素养"的课堂教学环节,以知识为载体,以有效的活动为路径,让学生在真实的情境中带着问题学习,并完成具有挑战性的任务,进而达成方法运用和知识习得,并在此过程中不断地促进深度学习。

教学活动包括教师活动、学生活动以及课堂教学互动等类型。活动可以是真实的情境,也可以是问题的提出,抑或是具有挑战性的任务。学生在解决问题或寻求答案的过程中习得知识,实现学科本体知识的理解、运用和内化。如果问题的解决或任务的达成需要综合运用知识的时候,就需要基于学科本体知识完成跨学科教学实践活动的设计。

在实际教学过程中,判断教学活动是否有效,应以所设定的教学目标为主要依据。教师活动有效、学生活动有效和教学互动有效,这是实现课堂教学有效的基础保证。

(一)教学活动的类型

教学活动是教师和学生为有效地达成教学目标而设计、组织或参与的教与学的行为,主要可以分为教师活动、学生活动和教学互动这三种类型。

1. 教师活动

教师活动是教师为达成教学目标、激发学习兴趣、促进素养培育,满足学生多样化的学习需求而选择的教学方式,旨在营造积极的学习环境,促进学生的有效学习。主要包括讲授、板书(含示范)、演示、组织课堂活动、课堂评估、学习辅导(包括答疑、实验指导等)、作业布置等主要形式。

不同类型的教师活动都有其固有的作用。教师通过讲授可以向学生传递知识,帮助学生理解并建立知识框架,为师生、生生间的交流探讨打下基础。教师的板书或示范,可以为学生提供直观的学习体验,漂亮的板书还能让学生对教师产生由衷的敬佩和喜欢。课堂活动是培育物理课程素养的核心路径,教师可以通过情境创设激发学生的认知冲突与探究欲望,引发学生深度思考并让学生主动参与学习,在此过程中培养科学思维、科学探究能力,逐步形成正确的科学态度与责任。在新一轮的课程与教学改革中,提出了要通过项目化学习、跨学科实践等活动,推进综合学习,培育学生的核心素养。因此,教师还要探索适切性的情境或驱动性的任务设计,培养学生熟练运用知识解决综合问题的能力。

2. 学生活动

学生活动是课堂教学的核心构成。教师通过让学生参与各种类型的学生活动,掌握课程内容,促进主动学习,培养关键能力。学生活动包括动脑、动手、动口活动和学生间互动,主要形式如倾听、观察、思考、笔记、演算,还有动手实验、合作实验以及交流、讨论、自评、互评等。

每一种学生活动同样具有不同的功能,可以增强学习动机,促进深度学习,发展高阶思维,培养问题解决能力等。比如倾听和笔记可以帮助学生整理、理解教学内容,提高学习效率;实验环节能促进学生增强动手能力和实践能力,加深对概念或规律的理解,激发创新意识;交流与讨论能锻炼学生的逻辑思维能力、表达能力和同伴分享意识;自评和互评可以强化学生对学习的自我反思能力,提升自我评价和批判性思维能力。

3. 教学互动

教学互动是课堂中教师与学生、学生与学生之间进行信息、思维、情感碰撞交流的过程,有效的教学互动可以提升教学效率,增进学习体验,营造良好的师生关系。原先课堂中的教学互动,主要是指师生互动、生生互动,随着教学数字化转型的研究与推广,课堂教学中的人机互动逐渐成为了教学互动的新样态。师生互动主要包括:问答环节、实验指导、练习讲解等主要形式;生生互动主要包括:小组讨论、合作交流、相互评价等主要形式。人机互动是指学生利用配备的移动学习终端,完成相应的学习任务,主要包括:在线练习解答、实验视频上传、提交方案作业等。师生互动能帮助教师了解学生学习和知识掌握情况,按需调整教学策略;生生互动可以培养学生的沟通能力和团队协作意识,在倾听同伴观点的过程中形成多角度思考问题的习惯。而随着教学数字化转型的推广,平板这一交互平台的使用在常态课中逐渐普及,人机互动实现了师生、生生间的远程互动,提高了教学诊断的时效性,使教学策略的调整更加精准,拓展了教学时空,有效支持学生的个性化学习。

(二)教学活动的设计

教学活动的设计是课堂实施的核心,影响着教学质量和学习效果。教师在进行教学活动的设计时，首先要关注目标的达成，同时要注重学生的学习兴趣激发和深度思维培养。

1. 突出目标导向

活动设计要有目标导向意识。单元目标指导单元核心活动或核心任务的设计，课时目标指导有效的课时活动设计。在认真研读课程标准、精准分析学情的基础上厘清单元目标、确定课时目标，并完成目标导向的活动设计，确保活动设计与教学目标的高度匹配。

2. 关注兴趣激发

活动设计要有利于学生学习兴趣的激发。应充分体现学生的主体地位，满足学生的学习需求。如沪教版八年级第二学期物理教材中，"机械功"一课的学习活动卡上有"和尚建庙"这一资源，有的教师将它安排在课堂教学引入环节，有的教师将它安排在学完机械功后的应用环节。这两种使用方式到底哪种好呢？首先，生活中其实已经不存在和尚如此建庙的真实场景了，所以如果说这是从学生的生活实际出发显然不切实际，但是"和尚建庙"的动画播放对于八年级的学生来讲还是很有趣的，因为他要帮助老和尚解决难题，所以这个情境作为引入环节可以有效激发学生学习和解决问题的兴趣。如果将它作为问题解决安排在真实应用环节，那就是脱离学生真实生活的活动设计显然并不合适。应用环节应该安排学生生活中可以碰到的真实问题解决，这才能让学生感受到物理知识在生活中的应用价值。

3. 强化整体设计

在素养导向的课程改革背景下，教学活动的设计必须要有单元意识，在单元核心任务的引领下设计课时活动，并厘清课时活动之间的联系，实现对单元教学的整体性把握。

以沪教版初中物理教材九年级第一学期第七章"电路"第一节"电流 电压"为例，说明如何厘清课时之间的联系。该节内容有两课时的教学任务，第一课时为"电荷 电流"，第二课时为"电源 电压"。传统的教学实施关注的是课时教学设计，在第一课时只关注让学生认识电流、电流表，并学会正确使用电流表；在第二课时中只关注让学生认识电压、电压表，并学会正确使用电压表。两课时之间教师的教学方式、学生的学习方法以及教学时间的分配等方面没有差异，就会导致学生在进入下一节"欧姆定律"的学习时，综合连接电路的能力不够。如果从单元教学设计的角度思考，教师就应该在第二课时"用电压表测电压"环节，除了学习活动卡上提供的电源、开关、小灯泡和电压表之外，再增加一个电流表，学生活动中先完成将电流表正确串接在电路中，再并接一个电压表测量用电器两端的电压。第一课时所习得的技能和方法应迁移到第二课时的教学中，所以电压表的认识和读数环节所需时间可适当压缩，"用电压表测电压"活动时间可延长，学生通过该活动进一步掌握熟练连接简单电路的技能，并学会将电压表正确并接在所测用电器两端的方法，为下一课时的核心活动"探究导体中电流与电压的关系"打下坚实的电路连线和电表读数等基础实验技能。

单元教学设计就是需要教师厘清课时之间、活动之间在学习方法、学习能力等方面的迁移与递进关系，并选择适切的教学方式，合理分配各环节所需时间，这样就省去了很多独立探究会遇到的重复环节，也让学生感受到学习内容之间的联系与深入；而且关注学习方法的类比与迁移，辨析异同点，完善认知建构；关注实验技能的强化与衔接，让学生对实验操作不再陌生。

（三）教学活动的实施

教学活动的创设要有助于教学目标的达成、学习效益的提高和学习兴趣的激发，终究离不开教学活动的有效实施。

1. 教师活动的实施

课堂中的教师活动,侧重于学习支架的搭建、学习兴趣的激发、学习氛围的营造和学习成果的评估等。教学方式选择的差异,会让活动实施效果大相径庭。

良好的专业素养是教师活动有效实施的根本。公开课教学要承担示范、引领区域教学的作用,因此在实施的过程中,通常会挑选一位专业素养扎实、教学经验丰富的教师承担执教任务。执教教师要能说一口流利的普通话,能写一手漂亮的粉笔字,仪态自然大方,既有驾驭课堂的能力又具亲和力,当然最重要的是要有着扎实的物理专业知识功底。

适切的教学方式是教师活动有效实施的保障。教师要根据活动目标和学生需求,采用多样且有效的教学方式。在讲授、演示、组织课堂活动、课堂评估等环节中,教师要关注学生之间的差异,根据学生的学习反馈及时调整教学策略和活动实施进度。

2. 学生活动的实施

课堂中的学生活动,主要在于促进学生对物理学科内容的理解,形成物理观念,提升科学探究能力,促进科学思维的培育,形成正确的价值观。

学生活动要有明确的要求。活动前,教师应通过讲授或者PPT交代清楚活动的具体要求(如观察对象、操作步骤、思考问题、各小组分工等),这有助于学生理解活动的意义和活动的核心任务;活动中,教师要有目的地巡视、结合问题针对性地点拨、指导,这有助于学生及时调整学习策略或实验方法,增强学习动力,提升学习效果;活动后,学生之间要有充分的交流和归纳,学会客观、理性地反思和评价自己的学习过程和结果,在分享的过程中拓宽学习思路,教师也要有精心准备的归纳和评价,辩证地分析活动的成功与不足,有调整和改进活动设计的设想,同时为学生指明后续要努力的方向。

学生活动中要有分工与合作。学生活动是促进学生个人责任感和团队协作能力培养的关键。活动中每个学生都要有特定的任务,如实验操作者、现象观察者、数据记录员等,通过参与形成明确的责任意识与岗位担当。鉴于教学时长有限,因此可以将活动分解为若干个子任务,由不同的小组分担,通过最终的分享形成团队合作的意识和习惯。

学生活动中要体现"做—想—讲"的统一。活动中实现"做—想—讲"的一致性,可以促进学生的深度学习和高阶思维的发展。教师可创设实践操作活动,让学生在动手的过程中达成学习目标;活动中要设置适当的追问和反思环节,引导学生深入思考操作、现象、结果背后的原理,形成自己的观点或见解,培养学生的深度学习能力;设置的交流讨论环节,要鼓励学生敢于用清晰、准确的语言表达自己的想法和观点,强化学生的逻辑表达能力和相互学习能力。

教师要让学生亲历知识的形成过程,充分开展学生活动,体现以学生为中心的思想。开展的活动可以形式多样,如小活动、小探究、小比赛、小魔术、小组讨论、大组交流等,对于学生不仅是有效培育物理课程核心素养的重要载体,更是学习兴趣激发的有效手段。设计学生活动时要充分考虑它的必要性和有效性,关注活动的体验性、探究性、趣味性和实践性,并将活动与思维培养紧密联系在一起。

3. 教学互动的实施

课堂中有效的教学互动可以增强学生的学习体验,提升学习获得感。有效的师生互动首先需要教师尊重和理解学生,积极营造和谐平等的学习氛围,能让学生愿意参加各种活动,敢于发表自己的观点,激发参与学习的主动性和积极性。其次,教师要掌握良好的沟通技巧,能够清晰、准确地传达教学任务或教学信息,有良好的倾听习惯,及时掌握学生的学习需求和困惑。要基于活动预期目标和学生实际能力进行针对性的指导,帮助学生及时调整和规划学习方法及路径。

生生互动的主要形式有分组讨论和合作探究。教师可以根据不同活动的目标要求,按学生的学习能力或兴趣特点进行分组,指导小组成员合理分工,确保每一位成员都有明确的任务。在分组讨论或合作探究的过程中,教师要有针对性地巡视和指导,启发同伴间进行深入的思考与交流,在合作中积极互动、相互启发、学习相长。

在教学数字化转型的背景下,随着移动终端在课堂教学中普及,课堂中的人机互动正逐渐成为常态,教师应充分利用技术手段赋能课堂教学。比如教师可以通过平台实现让课堂诊断更精准、直观,做到及时调整课堂教学策略和进度。结合学生答题数据的分析,可以让教师掌握学生学习的障碍和盲点,从而更好地反思与改进原有的教学设计。各种在线互动工具还可以让学生的思维可视化,拓宽时空限制,实现师生、生生互动的泛在化。

七、落实教学评价

公开课是教学理念的传播,也是教学行为的引领。公开课教学评价能激发教师的教学热情和创新精神,实现教学相长。公开课教学评价应关注教学目标、教学内容、教学方法、学生参与度、教学效果和信息技术应用等方面。

1. 评价准备阶段

在课堂教学实施前,需先根据物理课程标准要求,确定要评价的内容和评价标准。应提前完成评价表格或问卷的设计,确保能够全面收集教学过程中可用于评价的各项数据。表格或问卷设计的内容,可以聚焦教师在课堂中的教学行为、提问次数、理答方式、学生反应等;也可以聚焦教学活动的实施效果,如学习氛围的营造、学生的参与度、小组讨论的有效性等;还可以聚焦学生的学习体会,设计问卷收集学生对公开课的参与体会,对所学内容的理解程度和教师教学方法的满意度等。另外,通过课中、课后学生练习的数据分析,也能掌握课堂教学的目标达成度。

2. 课堂观察阶段

在公开课进行时,评价者应根据评价标准和评价内容,详细记录教师的教学行为、教学方法、课堂管理方式以及学生的反应和参与情况。为了能客观、全面地了解课堂实施效果,应预先组建评价团队,每个评价成员都有明确的观察任务,并对评价目标有比较清晰的了解。如聚焦教学活动实施的评价者,应当详细记录教师的教学和学生的学习行为,可观察教师在情境创设的有效性、学习氛围的营造、学生活动的指导、媒体技术的适切使用等方面的表现,观察学生是否积极参与讨论,理解教学内容,以及应用所学知识解决问题等方面的表现。

3. 分析反馈阶段

公开课结束后,评价者应当汇总整理公开课中的观察记录,包括教师的教学方法和学生的表现。除通过问卷调查、小组访谈或个别谈话的方式收集学生对课堂的感受度外,有条件时还应该收集学生的课后作业数据,用于客观、真实地评价教学效果和目标达成度。在收集和整理所有数据之后,评价者需要进行综合分析,包括:公开课上的实际表现与课前制定的教学目标进行对比,找出差距和不足;识别出教师在教学中的亮点,比如创新的教学方法、有效的课堂管理等,同时也找出需要改进的地方;基于分析结果,提出具体的、可操作的改进建议,以帮助教师自我反思和改进教学。

4. 持续改进阶段

公开课的教学评价不能仅仅是一次性的活动,而应成为促进教师专业成长和提升教学品质的重要机制。为了确保公开课教学评价客观、公正、科学,评价结果能真实反映公开课的教学质量,为教师的专业发展和学生的学习进步提供可靠支持,参与评价的团队要不断提升自己的专业素养和评价能力,并结合教师与学生的真实反馈不断调整评价指标或量表。同时,评价者还可跟踪教师的改进情况,在一段时间后回访教师的课堂,关注教学评价建议对教与学所产生的效果,收集公开课教学对教师专业素养提升的积极作用,追踪教师的成长轨迹和教学评价标准的一致性等。

第二节　物理公开课形成

一节优质公开课的形成,要经过执教教师的确定、备课研讨、形成教学设计等前期准备,然后是课堂教学实施与评价。整个过程离不开教师团队的共研共商共进。

一、确定执教教师

公开课是有组织、有计划、有目的的一种基于主题的课堂教学活动,通常可分为示范观摩课、展示课、研讨课等类型。不同类型的公开课,研讨过程中关注的主题不同,达到的目的也不同。

示范观摩课一般用创新的教学方法和手段,传递先进教学理念,起到示范引领作用,执教教师主要是由资深教师担任。这类课为学科教师提供一定的教学参考,是新课程、新理念落实的桥梁。

研讨课一般用于探讨教学设计和提升教学效能,通过现实教学的表现以及听课教师间的评课交流、思维碰撞和充分研讨,从而改进课堂教学设计,并在研讨过程提升教师的专业水平。例如,一位教师尝试用某数字化平台提升课堂教学效率,在前期有一定准备的基础上,可以开展研究课活动,探讨如何更好地利用数字化平台服务教学。研究课的执教教师多为有想法的教师。

展示课一般用于推广创新的教学手段或教学方法,为听课教师提供可直接借鉴的教学经验,从而促进教师反思和改进自身课堂教学设计,激发专业成长。展示课的执教教师一般为骨干教师。

二、开展备课研讨

备课研讨是公开课形成的关键环节。通过备课研讨,团队成员间可以深入探讨教学内容、分析教学策略、创新教学方法等。这是公开课教学效果的基本保障,也是教师专业发展和团队合作氛围形成的重要途径。

(一)新授课教学设计

对新授课而言,在教学任务分析、教学目标、教学重难点确定后,要着重关注情境创设和活动设计有效性的研讨。

1. 兴趣激发的情境创设

课堂教学需要引人入胜、学生爱听,作为教师不仅要有生动的语言、亲切的面容和真诚的关爱,更要善于组织或选择有效的教学内容。就物理学科而言,有效的情境创设不仅可以激发学生参与学习的兴趣和热情,更可以让学生产生认知冲突,引发对问题的思考,从而帮助学生逐步养成思考与质疑的习惯。下面三个案例,或许可以对教师在创设教学情境时有所启发。

【案例1】八年级"声音"第一课时的公开课教学中,执教者是一位年过半百的男教师。课前两分钟,教室的电脑中响起一段音乐前奏,所有听课的教师都没有注意,学生却变得安静下来。上课铃声响起,执教教师问:"从刚才播放的旋律中大家可以知道什么?"学生反应热烈,纷纷表示知道答案。而后课堂就顺利地转入了"声音是如何产生的"这一探究环节。然而,听课教师面面相觑,对刚才播放的音乐一无所知。年纪稍轻的教师们也是一脸茫然。在课堂中,教师使用了五颜六色的女孩子扎辫子的皮筋来代替传统的牛皮筋进行实验,但效果似乎不如以前使用的牛皮筋好。然而,我们并不清楚教师为什么选择橡皮筋而不是牛皮筋。

在后续的评课中,大家得知刚才播放的歌曲是学生当时特别感兴趣的歌手所演唱的歌曲,只是听课的教师都不熟悉。于是在评课环节有教师提出"你为何要选用我们大家都不熟悉的曲子,如果选用《梁祝》这样经典的曲子那该多好,既可以引入课题又可以激发学生的民族自豪感,不是一举两得吗?"执教教师笑着回答:"《梁祝》的确很经典、很好听,但我们老师熟悉和喜欢的曲子并不一定是孩子们熟悉和喜欢的,在上这节课前我找了朋友家上八年级的孩子闲聊了一下,得知目前流行和他们喜欢的就是刚才课中播放的那首歌曲,所以才在网上下载了这首歌曲。而以前我们用来做实验的牛皮筋,用过之后一般都是处于废弃状态,现在改用这样的皮筋虽然效果略差,但还是能达成实验目的的,并且上完课后正好给班中的女同学扎辫子用。"这样的课堂孩子怎么会不喜欢、不动心?每一位教师都会在讲台上慢慢老去,但是你在课堂要面对的却是花样年华的孩子,如果心中没有他们,如果你不关注他们的思想、爱好和心理特点,你的课堂就会慢慢与孩子的生活、喜好脱节,永远也做不到让孩子动情、动心。我们要上好课,就要做到"四个有",即手中有本、脑中有纲、胸中有理、目中有人。这位教师对情境的创设和实验器材的选用,很好地为我们诠释了什么叫"目中有人"。当然,情境创设除了激趣、动情外,更要有良好的"导学"功能,可以激发孩子的探究欲望或寻求答案的迫切心理。

【案例2】额定功率与实际功率教学。教师出示"220 V、100 W"和"220 V、40 W"的两盏灯,问接通电源后哪盏灯会更亮?学生回答:当然是100W的灯更亮。教师未置可否,只是将这两盏灯串联后接入电路,学生们看到的事实却是40W的灯更亮,结果出乎了学生的意料。

【案例3】"电路故障判断"一课中,教师匆忙走进教室开始上课,结果却没办法让接入电路中的两个小灯正常发光,"急"得满头大汗。下面的学生也坐不住了,纷纷问道:"老师,看看电池有没有电啊?"教师检查后发现电池有电压,"老师,那接下来应该检查开关有没有闭合好,是不是由于接线松了导致电路不通啊?"于是教师问:"如何知道电路通不通呢?",学生答:"老师,简单的,您赶紧拿个电流表串进去不就好了吗?"……待师生合力将故障排除后,教师欣慰地说道:"同学们,刚才我们一起排除了这个电路的故障,这就是今天我们要学习的内容——电路故障的判断"。

在上述案例2和案例3中,教师巧妙地运用了学生的心理特点,创设有效、有趣的教学情境,激发了孩子们强烈的探究欲望。案例2中教师的设问,让学生发现想当然的答案与事实不符,从而产生了认知冲突。当所见事实与其预设产生差异时,自然就激发了学生学习的兴趣,想要弄清背后的原因。就是这样的一个"意外",使学生的注意、记忆、思维凝聚在一起,有效激发了学生主动学习的欲望。而案例3的巧妙之处在于,让学生在努力想要帮助自己老师摆脱"困境"的过程中,不知不觉地经历了主动学习、积极思考、相互合作的境遇,在课题引出前已经在学习、理解、内化有关电路故障的判断方法。

2. 目标导向的活动设计

那么如何进行基于目标导向的活动设计呢？有一个经典案例可用于解读。

某公司要招聘具有"高智商、肯动脑、过目不忘、对事物具有敏感性、有好奇心"的人才。其招聘活动设计为:在大学的广告栏里贴上了一张不起眼的小广告(上面只有一条网址)。录取过程设想为:有学生看到并记下网址——晚上在家偶然想起打开——网页上一道数学题——解题——递交——收到录取通知。这个基于目标导向的活动设计诠释为:发现广告——敏感性;晚上打开——好奇心;网页记住——过目不忘;做题——肯动脑筋;做出——高智商。

进行"基于目标导向的活动设计"时,教师先要在课标研读、教材处理及学情分析的基础上精准制定课堂教学目标,然后根据目标去设计教学活动、选择合适的教学资源,从而实现活动设计与目标确定的高度统一。

(二) 复习课教学设计

复习课,应是以学生为主体的"温故知新"的学习活动。它由基本知识技能(即"故")的唤醒、教师指导下的知识建构和知识能力(即"新")的综合拓展等主要活动板块有机组成。

复习课的内涵,简而言之就是"温故"而"知新"、"知新"更"温故"。温习了原有的知识技能,才有综合知识能力习得的可能;掌握了综合知识能力,就可以进一步巩固原有的知识技能。可见,"温"与"知"有递进、相辅的关系,"温"与"知"是学生自主学习的行为,从"温"到"知"则是实现知识能力的梳理、理解和通顺达成的过程。

1. 搭建自主学习的平台

复习课的教学目标就是帮助学生完成知识的建构,但在知识的建构中,不仅是知识整合,也应包括能力整合,而且知识整合和能力拓展是并进的、相融的,绝不是孤立的先知识后能力。

知识的建构是针对学生而言的,那么建构就应该由学生自己亲身去参与、去完成,这才符合认知规律。建构主义告诉我们,学生并不是空着脑袋进入学习情境中的,如果让学生以自己原有的知识经验为基础,对新信息重新认识和编码,建构自己的理解,那学生原有的知识经验就会因新知识经验的进入而发生调整和改变,这正是复习课应达成的目标。学生个体不是简单、被动地接收信息的容器,个体学习也无法由老师或同学来代替,复习课应为学生提供自主学习的时空。教师能为学生提供开放的学习环境,学生就有了体验学习的机会,有了探究的经历和交流总结的机会,就会逐步学会学习方法。因此,要时刻记住学生是课堂教学的中心,他们的头脑不是被不断填充的容器,而应是教师要去点燃的火种。复习课的教学设计过程,教师要充分考虑、分析学生的实际(原有的知识能力基础、班级学习层次分布、周边的生活环境等),通过有效的教学活动去激发、点燃学生的思维,应针对"如何提高复习课的有效性,让学生成为复习课真正的主体"这一瓶颈问题,寻求突破,其做法比如先以转变知识点梳理的方式为突破口,尝试让学生按照自己的想法独立完成章节知识梳理。在课堂复习中,改变"原有的教师板书整理知识点,学生一字不漏地认真抄写"这一环节,改为"同学们分小组交流各自的整理作业;然后推荐出本小组最优秀的一份作业进入全班评比,要求各自说出所推荐作业好的理由,比如'字漂亮、形式新颖、知识点整理全面'等;最后将全班同学公认的最佳作业作为范本在课后印发给大家"。这样做可以让学生在课前就能主动参与,而他们的交流合作能力、建构能力、创新能力等在此过程中得到了培养。气氛活跃的课堂交流环节又唤醒了学生经常性处于"休眠"状态的大脑,不再被教师"牵着鼻子走"。

常说"授人以鱼"不如"授人以渔",作为教师的我们仅仅是学生成长的引导者、学生发展的领路人,学生自己才是成长的"掌舵者",课堂教学要重视培养学生的自觉意识、主动参与意识和课堂主人翁意识。

2. 激发主动学习的兴趣

"授业无趣,必不乐学"这一句话告诉我们,兴趣是最好的老师。只有学生对所要学习的知识和面对的课堂产生足够浓厚的兴趣时,才能做到思想和行为的积极主动。

(1) 创设联系实际的情境

物理学科知识的一个特点是来源于生活又应用于社会。"学习最好的兴趣,乃是对所学内容的兴趣。"因此教师要充分利用物理学的这一优势挖掘有趣的小实验用于创设情境,催发学生积极探索的情感,调动学生对物理学科的学习兴趣。比如在"压强"复习课的开始,可预先在讲台上放两个杠铃,并在杠铃上系两根漂亮、显眼的细绳,上课后假装因为不方便而请一位学生帮忙搬到教室后面,学生此时总是抓住杠子而放弃抓绳子。此时,教师可以追问这位学生为何不抓绳子?怎么知道抓绳子会勒疼手?这和什么知识有关?在学生的讨论中自然会带出复习的主题。又如对于"磁学"的复习,教师可以急匆匆地紧踩铃声进入课堂,装作手忙脚乱地打翻一大盒大头针,让学生帮忙思考用最简单的方法以最快速度全部捡起。学生马上会想到磁铁,接着就可以顺利开始"磁"这一章节的知识回顾。

(2) 挖掘实验教学的价值

实验是物理学科的特色和基础。实验可以帮助学生化解复习的难点,让抽象的知识理解转化为直观的现象观察,帮助学生知其然更知其所以然,进而提升解决问题的能力。比如对于电学故障的专题复习,教师总是会结合欧姆定律和串并联电路的特点,理论分析解题思路和步骤,而后进行课堂练习,结果是"学生一听就懂、一做就错、一点就会、再做再错"。其实在接触电学故障分析的时候,教师可结合实验进行教学。预先设计一个实际故障电路,课堂上安排学生分组交流、讨论,共同观察所出现的现象,并利用电压表、电流表查找出故障,同时将查找思路和判断理由详细记下,然后分析与归纳判断故障的过程和方法。在此基础上,教师引导学生结合所学电学规律进行分析,逻辑推理得出故障,帮助学生从形象思维提升为抽象思维,掌握故障分析的理论方法。这样的安排,让学生感受到了故障排除后使电路恢复正常工作的愉悦,也符合只有在实践中才会找寻出规律再逐步上升为理论的认知特点,真正让学生体会到学以致用的乐趣。

(3) 营造宽松民主的氛围

在复习课的教学过程中,同样需要努力营造一个和谐的学习环境,让学生不断树立自信,品尝成功的喜悦。例如,在复习课前安排了学生按照自己的思路自主整理知识点,那么经过课堂讨论后,教师可以将学生们公认的整理完整、字迹优美且富有创新的作业作为范本印发给大家,作为对该名学生的肯定和鼓励。又如,传统的课堂习题都是由教师挑选然后布置下去,学生机械地操练,为解题而解题,不会去思考出题的用意、考点。如果在复习课的教学中,教师尝试让学生选题或出题,这样就会迫使学生去思考习题的命制意图和考查目标,激发了学生对于物理复习课以及解题的兴趣,并能从中体验到成功的喜悦。这时教师要做的就是对学生挑选的习题预先过目,选择符合复习要求的习题在课堂中讲解,并要求学生回答挑选此题的理由、考查的是哪个知识点等,帮助学生在选题、解题的同时学会理性审视习题、解剖命题意图。

3. 实施多元激励的评价

新课程强调评价的发展性功能,即促进学生在原有水平上不断提高,在更高水平上获得发展。"促进发展的评价不仅需要终结性的结果评价,更需要形成性的过程评价,应该通过关注'过程'而促进'结果'的提高,评价的重心在'过程'"。学生在复习课上的学习过程更能呈现出他们的学习状态,反映出他们的学习能力,如学习参与情况、思维的广度和深度等。教师对学生的学习评价,不仅看结果,更要看过程,看学生的进步和发展。通过学生的反馈信息,及时找出学生复习中存在的问题,并且及时给予修正、指导,使复习过程始终有效进行。复习课教学评价要面向全体学生,关注每一个学生的发展,要以学生现有水平为起点,以激励学生的发展和进步为目的实施复习课教学评价,使其成为促进学生身心发展的"催化剂"。教师不应该吝啬自己的表扬,一个鼓励的眼神、一句"你下次表现会更好",都可能会潜移默化地影响一个学生。教师在追求提高学生成绩的同时,真正要看的、关注的是学生是否投入"乐学""会学""学会"的进程中。

愉悦的学习环境有利于学生投入学习,能让学生乐于参与的同时也能符合学生的实际情况。这样的复习模式就是恰当的教学模式,才能真正提高复习课的有效性,这需要教师在教学中不断尝试。以上只是笔者对改变复习课授课方式的初步尝试,还有许多需要完善并不断改进的地方。没有完美的复习课模式,找到适合自身和学生实际的模式才是关键。

三、完成教学设计

在前期教学设计初稿完成后,教师将进入课堂实施环节,检验其教学设计应用于实践的效果。这个环节需要备课组教师参与观课,基于学生课堂真实的反馈,发现教学设计的问题并研讨改进,最终形成较成熟的教学设计。

当教师按照预设的教学设计进行课堂教学实施,经常会遇到学生并不能很好地按照教师的剧本展开,特别是学生表现出对当前活动不知所措、学习积极性低等问题时,预示着学生在学习中出现了认知障碍,需要教师特别重视并记录;后续在磨课研讨过程中寻找学生认知障碍的源头,有可能是学生对前置知识的理解度不够,或学生需要的生活经验不足、研究问题的指向性较低,也可能是问题本身思维能力要求较高等,备课教师需要针对不同的问题成因,进行相应的教学设计改进。

1. 关注学习支架的搭建

当学生遇到一个难度略大的学习任务时,常常会表现得不知所措。维果茨基的最近发展区理论认为,教师可以通过学习支架(教学引导启发)帮助学生分阶段完成任务,最后撤去支架,促使学生达到最近发展区。教学实施中,通过观课检测教师活动设计要求与学生当前认知水平是否有较大距离,从而合理选择设计学习支架,改进课堂教学。

案例:"匀速直线运动的 $s-t$ 图像"教学设计的优化(1)

王老师:我在"匀速直线运动"一课观课中,发现学生基于探究小车运动情况纸带,描绘 $s-t$ 图像(见图 4-15)时遇到了困难,不知如何落笔,导致画图无从下手,使这个环节用时过长,导致教师有一道例题没来得及讲。

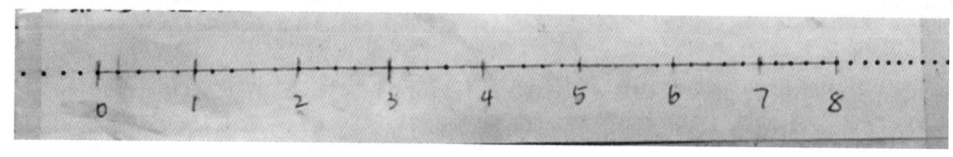

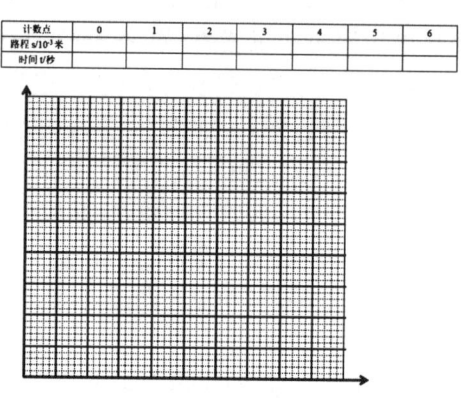

图 4-15 匀速直线运动的 $s-t$ 图像绘制

周老师:我在听课时,就坐在一位同学的身边。这位同学根据教师的要求,拿出了第二课时的纸带对应的数据记录表,然后直接抄到了第四课时的活动单上。这位同学完全没有按照教师的预期,将分段计时过渡到累计计时,再进行 $s-t$ 图像的绘制(见图 4-16),说明学生不知道通过表格数据描述物体运动情况时,要有累积的思想更便于研究。因此我觉得,这个地方需要有一个过渡。

学生实际: 教师预期:

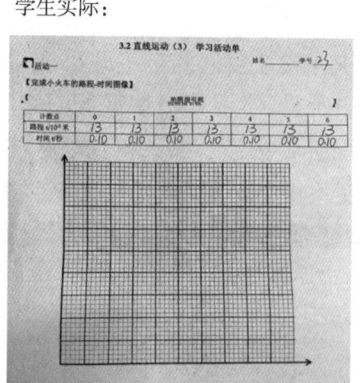   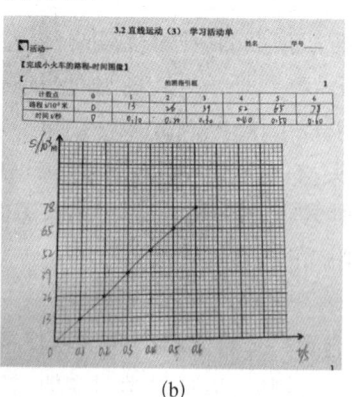

(a)   (b)

图 4-16 学生记录和教师预期结果

朱老师：在生活中我们通常是累计计时的，而且 s-t 图像这节课也是需要用累计计时的数据绘制图线。所以我想我们可以回放小车运动的视频，从视频中直接展示累计计时的方法，这种方法本身也是贴近实际的。我觉得我们在下轮课可以试一下。

基于这个片段的研讨，备课组在学生基于纸带画 s-t 图像前，插入了一段视频，将之前小车拉着纸带匀速运动的实验场景慢播，并在视频上增加了计时器，纸带每过一个计数点，时间累积增加 1 秒，让学生顺利地明白了如何通过表格列数据的形式记录小车的运动情况。

2. 关注课时之间的关联设计

当学生在学习过程中遇到认知障碍时，原因不一定是活动设计，有可能是学生思维能力的不足，也有可能是前期某个教学目标没有达成的体现。一个单元中的各个课时是环环相扣的，前面课时目标的达成度势必会影响到后期的学习。智慧的教师还会想到如何应用各课时之间的联系，在前面的课时做好铺垫，便于后续课时更加顺畅地实施。

案例："匀速直线运动的 s-t 图像"教学设计的优化(2)

周老师：在观课中，我又发现了一个新的问题，学生作图时单位换算遇到困难，花费时间较多。因为第二课时的活动单里的单位是毫米，第四课时活动单里的单位直接变成了×10^{-3}米（见图 4-17）。学生看到科学计数法的单位以后，花了好长时间对单位进行处理，说明他们对科学计数法还不熟悉。

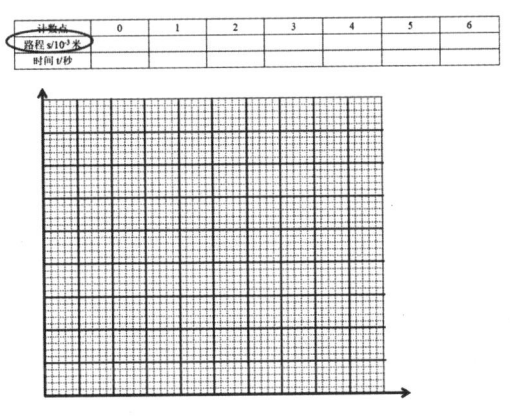

图 4-17 第四课时活动单

王老师：学生第一次遇到计数是在第二课时，因此应该在第二课时就直接采用科学计数法，用国际制单位计数。我就这样实践，发现学生的确不知道×10^{-3}米这个单位的意义。大多数学生直接用他们习惯的厘米计数，所以我在课上只能用纠错的方式将这一问题解决。

朱老师：我觉得让学生先经历错误再改正，还不如直接教给他们正确的方法。所以，在教学实践的时候，我在第二课时的表格中出现的单位就是他们最习惯的厘米，学生实验数据都是正确的。然后我再引导学生思考"如何将厘米换算成国际制单位米"。学生换算好单位后发现数据变成很小的数，小数点后面的零很多。我又引导学生如何将数据变简洁，这时学生提出可以用科学计数法来表示，这样做后看起来确实规整了一些，但还是不够简洁，于是我再引导学生把×10^{-3}提到表头的单位中，这样表格看起来既美观又简洁。

之后,授课教师按照研讨的结果处理后,在第四课时中学生遇到用科学计数法表示单位就能很好地应对,能更顺畅地进行 s-t 图像的绘制与理解。

3. 关注情境创设的生活化

《2022版课标》注重学生解决真实情境问题的能力培养,学生学到的物理知识最终要应用于生活,才能发挥出它该有的价值。教师在教学中通常会创设实际情境,帮助学生理解和应用知识,激发学习兴趣和积极性。但并不是所有好的情境都会带来好的教学效果,情境的选择首先要贴近学生生活,最好是学生有体验又能产生共鸣的情境,这样才能让学生积极主动地去思考解决情境中的问题。

案例:"匀速直线运动的 s-t 图像"教学设计的优化(3)

周老师:宋老师设计的一道课堂练习题,虽然创设了情境,但题目中题干信息量太大了,而且图像复杂。在这道题目中,学生需要从实际的战争场景中,提炼我军和敌军行进的过程,这个剧情过于复杂,又是追击,又是埋伏,还要打斗,并将这个过程与图像相结合,学生只是理解题干就花了好多时间。

练习题:电影《长津湖》上映获得一致好评,也激发了学生的爱国热情。如图4-18所示,若敌军从下碣隅里(O点)经过18 km到达古土里(A点),再通过6 km外的水门桥(B点)就可逃脱我方志愿军的包围[假设下碣隅里、古土里、水门桥大约在图4-18(a)所示的直线上],同时我军一小队接到命令,匀速从下碣隅里到达古土里待命,做炸毁水门桥、全歼敌军准备。图4-18(b)是我军小队和敌军的 s-t 图像(我军用实线,敌军用虚线表示)。

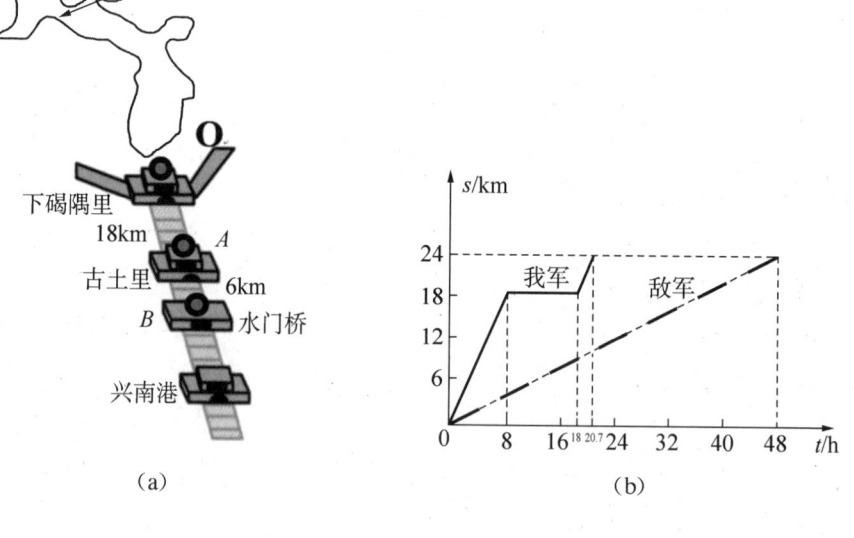

图4-18 示意图和对应的 s-t 图像

宋老师：这个题目是我精心改编的，目的是体现爱国主义情怀，但没想到学生处理有困难。教学毕竟要贴近学情，所以不得不忍痛割爱了。

王老师：如果去掉最后一道题，就只剩下第一道常规题了。听课时，我感觉学生做这道题的时候兴致不高，所以我提议把这道题的情境改为学生熟悉的场景，这样课堂气氛应该会活跃一些。

朱老师：我赞同这个想法。有一天带学生去食堂吃饭的时候，想到了是不是可以利用地上的砖块和计时器，记录去食堂吃饭途中的部分时间和路程，以此建立一个匀速直线运动的模型，让学生利用画图预计到达食堂的时间。

练习题改进：小郑同学打算利用学过的物理知识估算自己到食堂所需要的时间，她通过测量得知一块地砖的长度为 0.6 米，从 2 号楼尽头出发，到食堂共 750 块砖。该同学利用课间，以秒表计时，每走过 20 块地砖记录一下时间，得到如下数据（见表 4-3）。请帮助小郑同学完成表格中路程数据的填写。假设小郑同学一直这样行走，到达食堂门口需要多长时间？

表 4-3 数 据 记 录

砖块数	0	20	40	60	80	100
s/m	0	12				
t/s	0	10	21	29	41	51

教师应用改进后的练习题又进行了一次教学实施后，再次开展研讨。

周老师：这道题的确很有意思，不过在听课的时候，发现学生都没有像我们预期的那样先用图像建立一个匀速直线运动的模型，再通过图像推出答案。而是直接基于表格数据，寻找规律，计算得到答案。

王老师：而且我觉得这个题目有点脱离实际，学生去食堂的时候可以很方便地用手表测出时间。编成题目有点刻意了。

朱老师：的确是这样。若是把估测去食堂的时间，换成估测蚂蚁寻找食物的时间，是不是会更有意思一些，并且蚂蚁的运动并非完全匀速直线运动，也需要学生建立模型，并应用模型解决问题。

宋老师：最终我们用蚂蚁运动这道题目，就是下文看到的。这个题目也非常有意思，学生反响还是很不错的。

练习题：课间班级里学习小组的学生们看到在墙脚下爬行的小蚂蚁，且向着正前方的糖果处爬去（见图 4-19），于是打算用所学知识对蚂蚁的运动进行研究。当蚂蚁通过墙根某一株小草时开始计时，每经过一株小草进行一次计时，记录了几次时间数据后，学生们又向体育老师借到了皮尺，从初次计时位置开始记录每一株小草对应的路程。组员们获得的数据如表 4-4 中所示，问：① 蚂蚁做的是什么运动？你打算用什么方法判断？② 从小组计时时刻开始到蚂蚁获得糖果，需要多长时间？

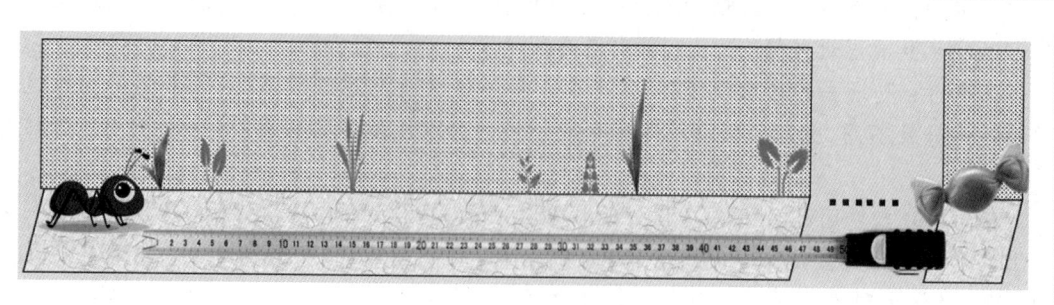

图 4-19 蚂蚁爬行问题

表 4-4 实 验 数 据

$s/\times 10^{-2}$ m	0	7.8	17.1	25.2	35.1	204
t/s	0	2.6	5.7	8.4	11.7	?

四、实施课堂教学

实施公开课教学,是教研团队经历物理课程标准研读、完成教学设计、试教改进等环节后最终进行的环节。公开课是授课教师展示团队研讨成果、教学智慧的舞台,也是传递课改理念、引领教学行为、促进教师教学相长的重要平台。

一节公开课的形成离不开团队智慧的支撑,课堂教学是公开课的最后环节,但是课中却无法呈现公开课形成的背后故事。为了让听课教师了解公开课形成的过程,通常可以采用"公开课+微论坛+研讨"的形式开展教学研讨活动。

公开课环节是备课团队前期研讨的最终呈现。微论坛环节是参与备课的教师以小组对话的形式,为大家展示前期备课研讨过程中思维碰撞的精彩片段,向其他教师呈现当前的公开课是如何逐步形成的。微论坛的内容可以是教学重要环节的设置依据,也可以是参与备课的教师的个人观点分享,当然也可以对本节课进行客观的评价等。其目的是让参与活动的教师不仅从公开课中感受到创新的教学方法与技能,还能从团队成员的对话中了解深度教研的过程,感受深度教研的魅力;让听课教师习得组织、策划深度教研的方法,回到自己学校后,可以迁移、模仿,提升学校校本研修的品质。

第三节　区域物理公开课实践

作为区域初中物理学科的研训员,为了引领学科教学、支持教师专业成长和提升学科教学效能,公开课是教研活动的重要形式,在课堂教学实践中完成教师培训。为了提升教师的课堂教学实践能力和骨干教师策划教研活动的能力,公开课应聚焦单元教学,并以深度教研为支持手段。

一、单元整体推进

单元设计是落实核心素养的有效路径,可以帮助学生经历结构化的学习过程,有利于知识体系建构,也可以帮助教师从单元整体思考教学内容,利用前后课时之间的联系,高效地设计活动,完成教学任务。单元设计并不是将原来的课时设计全盘否定,而是在原来设计模式的基础上,更关注到课时之间的联系,并通过单元核心任务引领,让学生边学边做边建构,提升素养培育效能。

然而教学设计方式的变革,总是会受到部分教师的质疑与抵制。这是因为变革意味着要重新去适应一种新环境,无法继续在原有较为熟悉的模式下教学,会给教师带来工作量上的额外负担,还可能有教学效果不确定性带来的担忧。

为了推进单元教学设计,让更多有前瞻性的教师优先接触到单元设计,并通过真实的实践效果来激发其他教师的教学变革,可以采用"骨干引领＋点上推进＋面上推广"的模式,逐步推进单元教学设计的实践研究。

首先,将区域骨干教师组建为单元教学设计先锋小队。小队成员一起研读学科课程标准和单元教学设计指南,把握课程改革方向,明确单元教学设计要素并学习单元教学设计案例。随后,对现有教材进行单元重构,在任务驱动下,每位教师选择一个重构单元,引领自己学校教研组团队,进行单元教学设计备课研讨。这群骨干教师定期在线上汇报交流进度,思维碰撞,形成单元教学设计初稿。

之后,实施点上推进。在前期单元教学设计初稿的基础上,形成单元各课时设计。单元教学实践任务由区域内教坛新秀承担,通过所在教研组团队多轮的单元教学实践研讨,不断优化单元设计,成熟后便进行区域展示,实现面上推广。

单元教学实践研讨流程基于陆伯鸿老师(原上海市教育委员会教学研究室副主任)提出的深度教研模式展开。由于重构单元的课时数一般在5课时内,各骨干教师安排教研组中的青年教师,以一周为一个周期制订教学计划,进行多周期的单元课堂教学实施。下文以东华大学附属实验学校2022学年第一学期"机械运动"单元教学设计研究为例,简述单元教学实践研讨的基本过程。研讨安排如表4-5所示。

研讨过程如同拧螺丝钉一样,螺旋式地深入。组内教师对单元每一课时教学实施,一起进行听课研讨,基于学生反馈和预期的对比,寻找教学改进方案,并在下一轮实施中检测改进方案的效果,从而不断完善教学设计。整个研讨过程如图4-20所示。

表 4-5 研讨安排

轮次	日期	执教教师	执教班级	研讨时间
第一轮	10月17—21日	陈宝同	八(1)班	周三、周五
第二轮	10月24—28日	陈帅文	八(3)班	周三、周五
第三轮	11月1—4日	郑琦	八(4)班	周三、周五
第四轮	11月14—18日	宋琳	八(5)班	周三、周五

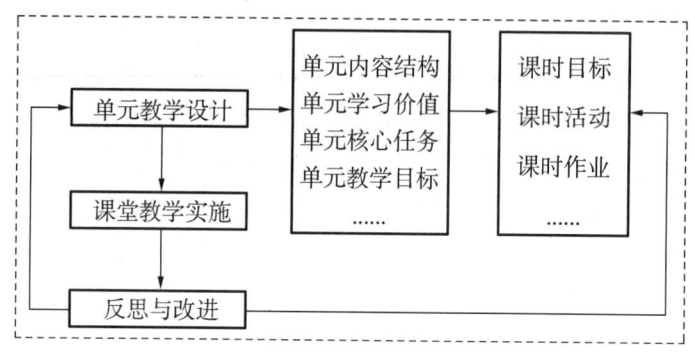

图 4-20 研讨过程

通过实践研讨形成完善的单元教学设计后，最终遴选一位青年教师进行课堂教学展示。通过一至两个课时的展示，呈现单元教学设计痕迹，并通过展示课后的微论坛环节，进一步呈现单元教学设计过程，提炼并总结推广单元教学设计经验，供区域其他学校教师学习交流。

随着单元教学设计的一个个单元成型、一节节公开课展示、一场场微论坛分享，区域学校的教师已经对单元教学设计有了理论和实践的基础。最后，通过区域教研组长研修班，为各校开展单元教学设计提供研究交流的平台，并以作业的形式要求各学员提交一份单元教学设计实践案例，逐步达到全员推广的目标。

二、课例研修教研活动

课例研修一般以课例作为研究对象，是利用课例开展的教学研讨、教师培训或学习交流活动。课例研修是教研中的一种实证研究，首先要基于研修的背景确定研修的主题，可以是当下教育改革重点推进的课题，或是教师教学过程中迫切要解决的问题。其次要有明确的研修目标，可以是提升教师解读课程标准的能力、单元教学设计能力等。课例的选择以及研讨的问题最终都是为了达成研修目标。

在研修活动的研讨过程中，对教师代表的交流发言设有时间限制，需要精简但内容又不失深度，从而促进教师深度思考，提高研讨效能。活动时间、活动内容、教师参与度这三者之间的关系，可用一个矩形示意。这个矩形的两条邻边长分别为活动内容 a、教师参与度 b，矩

形面积为活动时间 S,可知 $S=a*b$,简称"矩形模型",如图 4-21 所示。一般而言,活动时间 S 是常量,要提高教师参与度 b,就要精简活动内容 a,如减少活动中重复性的内容,突出能够引发教师交流和争论的内容等。

研修完成之后,需要形成课例研修的主要结论,或是课例研修中的主要体会和感悟。下文以一次松江区"串联电路"同课异构的课例研修活动为例,具体情况概述如下。

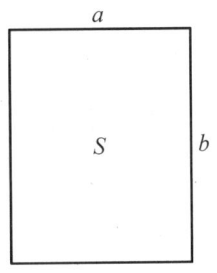

图 4-21 矩形示意图

（一）活动背景与意图

1. 活动背景

为了促进市、区优秀团队、优秀教师的经验共享和智慧碰撞,松江区初中物理骨干教师专业发展共同体与陆伯鸿老师的名师团队,一起开展"串联电路"一课的"同课异构—同课再构"活动。旨在通过两个团队的异构和再构过程,提升教师对"串联电路"一课的实践能力;同时通过搭建区域间联合教研的平台,促进教学相长。

2. 教研重点

"同课异构"是为了提高教学的有效性。"同课异构"的教研方式,能引发参与团队教师经验的分享和智慧的碰撞,可以取长补短,明显提高课堂教学效果。这一团队教师间面对面互动交流平台的搭建,能较好地解决教师对学科课程标准解读的不全面和教学重难点突破方法的低效性,让教研组的活动向深处迈进。"同课再构"是为了提升教学的高效性。在"同课异构"后的研讨环节,团队教师间会对教学的重点环节和活动进行深入的研讨,并根据课堂实施效果和学生学习结果给出具体的改进建议。"同课再构"活动就是为了检验教学改进建议是否科学有效。

3. 期望目标

通过课例研讨的现场展示和相关专家、名师的面对面指导,帮助教师深入解读和理解学科课程标准中关于"串联电路"的要求,切实应对和解决校本教研活动中遭遇的问题,提升两个团队教师对"串联电路"一课的教学实践能力。

（二）活动流程与实施

1. 活动流程

在"串联电路"一课的"同课异构"到"同课再构"活动中,先由陆伯鸿名师基地和松江区初中物理骨干教师团队分别完成备课过程。在教学环节,由陆伯鸿名师基地的续文老师和松江区初中物理骨干教师张美老师分别完成了"串联电路"一课的执教。"同课再构"活动的执教任务由续文老师承担。

2. 实施改进

(1)"同课异构"后教师们的评价

傅老师：两堂课的内容结构有很大的相似度,需关注过渡性的语言,流程相近,这是因为涉及相同内容所决定的。张美老师着重于实施知识点;续文老师注重培养学生的思维——提高猜想能力、知识应用能力。教师在设计这节课时到底想要实现什么目标,是根据考题出发,还是强调发展学生的能力。这节课带来的启示是：学生在推导过程中会遇到困难,需要进行必要的铺垫,并给予学生思考、探索的机会。"错误"是宝贵的经验和教训,应该给学生反思错误的机会。

贾老师:"同课异构"之精髓在于"异"。物理学是以实验为基础,以思维为核心的学科。细节之美常常是不显山不露水的刻意安排。从情境出发,进行探究,最终应用,情境应服务于问题的解决。"先理论后实验"抑或"先实验后理论"? 教学设计深度应建立在学生实际基础之上,而教学评价则应以课堂证据为依据。我们需重视师生之间的互动,重视思维的品质,精心设计课堂,深思熟虑,唯有如此,思维才能得到充分释放。

陆老师:这是一次学习、提升、修炼的过程,更是一个放飞思维、张扬个性、抒发情感的过程。张老师个性张扬,展现设计之美。续老师继续抒发情感,打造课堂文化。在同一条路上前行,虽然鞋子的品牌各异,但都应是合脚的鞋码,才能一同前进。在这个过程中,都有不同的感悟和反思。课堂上老师的思维如同狂欢,而绝大多数学生的思维却是孤独的,一个人的狂欢就是孤独,一群人的孤独才是狂欢,课堂教学应该从教师个体的思维狂欢转变为全班共同体的思维孤独,因为全班共同体的思维孤独才是真正的狂欢。"同课异构"并非简单的你有一个苹果,我有一个苹果的相互交换,而是一种思想与另一种思想的交流与碰撞,关键在于思维深度的碰撞。"异构"就像是进行思维交流的乒乓球。在对教材的处理时,我们首先应回顾过去的教材,然后再关注当前的教材。比如"简单电路—电流定律—电流电压电阻特点"如今已经融为一体,将过去的固定模式应用到现在已经不再合适。如何处理教材呢? 一是有教材但缺乏教学思想,即所谓的"教条教材";二是利用教材展开教学。以往,教材被视为标准,而新的课标则注重资源,如今我们应该实行"资源教学",因为教材仅仅是多种资源中的一个。最具挑战性的是整合,因为尽管学生各有个性化差异,但如何体现这些差异却并非易事,学生的经验不尽相同,因此,在教授知识点时,处理的过程和方法也必须多样化。以今天讨论的"串联电路特点"为例,首先需要识别电路,其次是理解特点。串联电路的特点包括两个方面:连接特点和工作特点。将课堂环节整理出来,制定流程图以适应不同的课堂教学模式和情境。课堂教学应坚持永恒的主题,形式必须服务于内容和目标。今天我们研究时的思维深度一定要深。

(2)"同课再构"后教师们的评价

秦老师:两位上课老师一样关注细节,需要关注实验前电流表、电压表的使用注意点;同样需要关注实验过程中获取证据、得出结论;也应关注科学性:尽管每组只进行一次实验,但表格的设计应涵盖至少三组数据,才能得出普遍规律。在这个过程中,潜移默化地培养团队合作意识。

续老师:我个人认为第一节课比第二节课教得更好,但教案第二次比第一次更完善。一个是从两个小灯到电阻的过渡,一组是电阻,另一组是灯泡(突破器材的限制),这应引起教师的警觉,关注规律的普适性;另一个是从数据过渡到理论的推理,通过计算得出的电阻反而更为准确。

贾老师:物理的美究竟体现在哪里呢? 首先,体现在逻辑思辨之美。思维的碰撞会擦出许多火花,并最终升华为思维的升华。学生的进步通常通过教学评价来衡量,这次我们尝试先进行计算、然后推理、最后验证,但仍无法顺利完成,这表明我们需要持续不断地研究。正如"不思考意味着生活的重复,思考则是重复生活",不研究只会导致教学的重复,而研究则使教学不断推进。

(三) 活动反思与收获

"再构"之所以要变化,是基于第一次活动的"异构点",由于内容的雷同决定了流程的雷同。但是在相同知识点的落实过程中所采用的方法不同,即为思维的碰撞和交换。我们一直在说物理是美的,到底美在哪里?学生若在学习过程中只有生吞硬咽,怎么可能品味到物理学的美。这次的活动让我们有了深切体会,深深地感悟作为物理人,要努力追求将知识落实到学生脑海中这一过程的美,就像带着学生去春游,我们要找寻一条满眼翠绿、姹紫嫣红的路,这一路会让学生觉得很美,学生自然乐意跟着我们走。这样才会让学生真切地领悟到探究过程的美。

三、区域物理公开课举例

案例1:"热与能"单元教学设计展示活动

"热与能"单元教学设计

一、单元教学任务分析

1. 单元内容分析

本单元教学内容选自沪教版初中物理教材八年级第二学期第五章"热与能"中的热与能部分,共涉及"5.2 热量 比热容""5.3 内能""5.5 热机"三节内容。本单元是学生认识热与能的开始,也是后续学习能量的转化与守恒知识的基础。

本单元包含三个部分,一是从微观视角理解内能这个物理量;二是在知道热传递可以改变内能的基础上,学习内能变化的量度——热量,通过实验探究引入描述物质吸热本领的物理量是比热容,并解释简单的生活现象;三是在知道做功可以改变内能的基础上,学习通过做功方式利用内能的机械——热机。单元内容结构如图4-22所示。

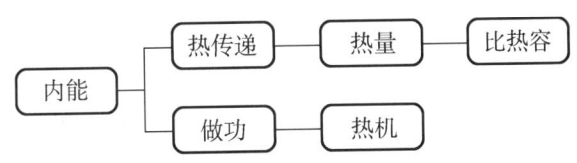

图4-22 "热与能"单元主要内容结构

本单元学习后,学生应能够简要分析常见热学装置的能量转化过程。因此,结合学生认知程度,选择蒸汽小车工作的情境作为本单元的学习主题。用"分析和改进蒸汽小车动力装置"这一核心任务来引领本单元的学习。

2. 单元学习价值分析

(1) 单元内容与核心素养(见表4-6)

(2) 单元学习价值

本单元以分析和改进蒸汽小车动力装置入手,从定性到定量分析能量的转化过程。从微观层面理解内能的概念,体会改变内能的两种方式,逐步形成物理观念。通过探究水温度升高时,需要吸收的热量与温度变化、水的质量的关系,通过探究不同物质的吸热本领,以及利用水的比热容较大这一特性解释简单物理现象,经历完整的证据猜想、方案设计、现象分析和结论归纳等探究过程,提升问题、证据、解释、交流的科学探究能力。通过学习热机的

表 4-6　单元内容与核心素养

单元内容	核心素养			
	物理观念	科学思维	科学探究	科学态度与责任
内能	●	◎	○	○
热量	◎	○	●	○
比热容	●	◎	●	○
比热容应用	○	●	○	◎
热机	○	●	○	◎

说明:"●"表示高相关,"◎"表示中相关,"○"表示低相关。

发展历程,了解内燃机工作原理,感悟热机的发明和发展对人类文明进步的作用,从而形成合作交流、实事求是的科学态度。

3. 学情分析

八年级第二学期的学生已具备一定的科学探究能力,能利用控制变量法和转换法等科学探究方法合作完成实验设计,有通过比值定义法学习新物理量的经验,对生活中的热现象也有一定的感性认识。在本单元的学习内容中,比热容概念的建立过程比较抽象;而热机侧重知识应用,涉及化学能转换为内能,内能转化为机械能等能量转化,与生产、生活有密切的关系,对学生思维要求较高;学生对于"发动机"的概念并不陌生,但对发动机四冲程循环工作的机制同样感到十分抽象,会有许多困惑。

由上述分析确定本单元教学难点:理解热量是一个过程量;在探究水温度升高时需要吸收的热量与哪些因素有关的实验中,建立比热容概念;知道热机及其工作原理。

二、单元核心任务

本单元的核心任务是分析和改进蒸汽小车动力装置,从定性到定量分析能量的转化过程,进而通过提升燃料利用率改进蒸汽小车动力装置。第一课时了解内能的概念,并定性分析蒸汽小车工作过程中的能量转化情况;第二课时通过探究蒸汽小车工作过程中水吸收热量多少的影响因素,了解水吸收热量与温度变化、水的质量的关系;第三、第四课时通过探究不同物质的吸热本领,建立比热容的概念,进而定量计算蒸汽小车工作过程中水吸收热量的多少以及小车燃料的利用率;第五课时以提高燃料利用率为驱动问题,经历从蒸汽机到内燃机的改进过程,了解汽车发动机的工作原理及能量转化过程。

三、单元教学目标

通过观察生活中的热学现象,了解内能及改变内能的方式,了解热量;通过实验,了解比热容,能运用比热容说明简单的热学现象;通过阅读教材和交流展示,了解热机的工作原理。

通过分类改变内能的现象,感受分类思想;通过利用比热容知识计算蒸汽小车中水吸热量的多少,利用热值知识计算小车燃料利用率的过程,感受真实情境下问题解决的模型建构思想。在探究物体吸收热量影响因素的实验方案设计中,体会"控制变量法"思想。

通过探究水吸收热量与温度变化、质量、物质种类的关系，能基于观察和经验，提出问题，作出假设，设计实验方案，并基于现象和数据进行分析，归纳得出结论，感受"问题""证据""解释"的科学探究方法。

通过探究水吸收热量与温度变化、质量、物质种类的关系实验，体会与人合作、实事求是的科学态度。通过了解热机历史，了解自工业革命以来人类科学技术的巨大进步，感悟内能的利用、热机的发明在人类社会发展史中的重要意义。

四、单元教学结构创建

1. 单元教学结构列表（见表4-7）

表4-7 单元教学结构

核心任务	核心任务分解	教学内容	课时安排
分析和改进蒸汽小车动力装置	定性分析蒸汽小车在运动过程中的能量转化情况	内能	1
	定量分析蒸汽小车工作过程中的能量转化效率	热量、比热容	3
	分析蒸汽小车燃料利用率低的原因，并思考改进措施与实际应用	热机	1

2. 单元重点活动举例

【重点活动】分析和改进蒸汽小车动力装置。

【活动资源】蒸汽小车、水、煤油、烧杯、酒精灯、温度计、秒表、铁架台、铁丝、针筒、酒精、电子打火器、汽油机模型、多媒体课件、教材、学习任务单等。

【活动系列】见表4-8。

表4-8 单元活动

对应课时	活动内容	活动说明
第一课时	**观察讨论**：观察运动的蒸汽小车，从宏观和微观视角分析其具有的能。了解内能的定义 **实例分析**：通过思考蒸汽小车的动力来源，分析小车机械能是由内能转化而来	学生经历小组讨论，类比机械能概念，了解内能是所有分子动能和分子势能的总和。学生从能量转化方面入手分析蒸汽小车的动力来源。将物理抽象的理论知识与实际生产生活相结合
第二课时	**观察讨论**：观察蒸汽小车工作时水的温度逐渐升高至沸腾，由热传递过程中内能转移多少引出热量 **学生实验**：通过介绍实验器材——量热器，设计探究实验方案探究水温度升高时，需要吸收的热量与温度变化、水的质量的关系	学生初步建立热量的概念 经历探究实验，感受"问题""证据""解释""交流"的科学研究方法，归纳水升温吸收热量多少与温度变化、水的质量的关系

(续表)

对应课时	活动内容	活动说明
第三课时	**分析思考**：思考若蒸汽小车中的水换成煤油，升高相同温度，需要的热量是否相同？ **学生实验**：基于第二课时的实验方案，探究水和煤油升温时，需要吸收的热量与物质种类的关系	基于实验结论，引入描述物质吸放热本领的物理量——比热容
第四课时	**分析交流**：定量计算蒸汽小车工作过程中水吸收的热量。基于燃料释放的总热量估算烧水过程中燃料利用率	学生会利用公式 $Q=cm\Delta t$ 进行简单计算
第五课时	**分析交流**：分析蒸汽小车工作过程中燃料利用率低的原因，思考改进措施 **学生实验**：通过小组合作，利用自制汽油机卡纸模拟汽油机工作四冲程	学生在改进实验装置的过程中，引出内燃机的发明思路 通过小组合作及展示，自主学习，激发学生兴趣，提高合作意识

3. 单元活动评价示例(略)

4. 单元特色作业举例(略)

五、课堂教学设计举例

5.5 热机

1. 教学任务分析

本节课是八年级物理第二学期第五章第五节"热机"，是内能知识的实际应用。热机被广泛应用于生产、生活中，与实际生活联系紧密，而热机工作时燃料的利用和废气排放对环境的污染，让学生认识到事物的两面性，感悟科学与技术对社会发展、自然环境和人类生活的影响，增强可持续发展的意识。

学生已经了解内能，了解不同形式的能可以互相转化。学生对内燃机在交通工具、生产机械中的应用有一定的了解，但很少有机会真正观察到内燃机内部的工作情况，其工作原理也相对抽象。

本节教学要求学生主动参与、仔细阅读、认真观察和积极思考。通过分析上节课实验中能量转化过程，认识内能可以转化为机械能，引入热机概念。观察四冲程汽油机演示器，通过小组合作分析汽油机的工作过程，认识压缩冲程和做功冲程的能量转化。通过阅读教材和对比动画，比较汽油机和柴油机的异同。通过对相关资料的收集和讨论，认识到科学技术的发展和进步对人类发展的影响，感悟在发展经济的同时，关注环境保护的重要性。

2. 教学目标

(1) 通过分析水蒸气顶起试管活塞实验中的能量转化过程，了解热机概念。通过分析蒸汽小车动力装置不足并提出改进建议的过程，感受有依据地表达改进建议的意义，并了解内燃机的结构。

(2) 通过自主学习四冲程内燃机的工作过程，了解内燃机工作原理；通过小组展示热机四冲程的运行过程，能基于示意图解释内燃机工作中的能量转化，感受学习的价值，感悟小组合作的重要性。

(3) 通过观看汽油机和柴油机的视频介绍，认识汽油机、柴油机的结构，感受分析和比较的研究方法;通过观看视频了解热机历史,体验自工业革命以来人类科学技术的巨大进步,感悟热机的发明和发展对人类文明进步的作用。

3. 教学重点和难点

(1) 重点:内燃机的工作原理。

(2) 难点:了解从蒸汽机到内燃机的改进过程。

4. 教学资源

(1) 实验器材:针筒、酒精、电子打火器、铁架台、四冲程汽油机演示器、汽油机主要结构卡纸。

(2) 自制PPT幻灯片、多媒体教学设备。

5. 设计思路

本设计的知识内容包括热机概念、热机改进过程和内燃机工作原理三个部分。

本设计的思路为:通过回顾上节课水蒸气做功的实验,分析能量转化过程引出热机概念。学生通过小组讨论思考如何提高燃料利用率,将"蒸汽机"改良为"内燃机",通过演示针管内燃气对活塞做功实验证明内燃机燃料利用率有所提高。通过学生小组合作演示汽油机的一个工作循环,经历四个冲程,知道压缩和做功冲程的能量转化情况。通过阅读教材、观察动画,分析比较汽油机和柴油机,认识两种内燃机的异同。最后让学生观看视频,在了解热机的发展历程同时体会热机工作时燃料的利用和废气排放对环境的污染,增强环境保护意识。

本设计要突出的重点为内燃机的工作原理。方法是通过学生观察四冲程汽油机模型和小组操作汽油机结构卡纸,观察各个重要部件,知道它们的用途,讨论各个冲程进气口、排气口的开启和闭合,气缸内活塞的运动方向,之后小组代表上台分别演示汽油机的四个冲程运行过程,最后结合动画观察汽油机连续工作过程。

本设计要突破的难点为了解从蒸汽机到内燃机的改进过程。方法是通过进一步分析水蒸气顶起试管活塞的实验,学生在蒸汽机燃料利用率低的基础上思考如何改良本实验,即燃料在内部点燃,并通过教师演示针筒中酒精点燃的实验进一步感受,引出"内燃机"的概念,能够了解按照热机内部能量转化两个不同阶段的发生位置,可分为蒸汽机和内燃机(汽油机、柴油机)。

完成本设计的内容需1课时。

6. 教学过程

(1) 教学流程图(见图4-23)

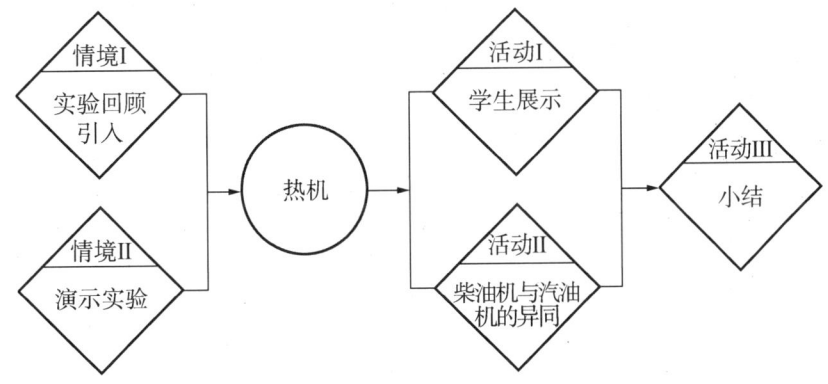

图4-23 教学流程图

(2) 教学流程图说明

① 情境Ⅰ：实验回顾引入

回顾水蒸气顶起试管活塞的实验，由蒸汽内能转化为机械能，引出热机。

② 情境Ⅱ：演示实验

针管内燃气对活塞做功实验，燃气的内能转化为机械能。

③ 活动Ⅰ：学生展示

操作四冲程汽油机主要结构卡纸，演示说明汽油机的结构和工作过程。

④ 活动Ⅱ：学生活动

比较汽油机、柴油机的异同。

案例2："机械功 机械能"单元教学设计展示活动

"机械功 机械能"单元教学设计

一、单元教学任务分析

1. 单元内容分析

本单元教学内容选自沪教版初中物理八年级第二学期第四章"简单机械"中"4.3 机械功""4.4 机械能"两节内容。本单元是学生形成能量观念的起始，为后续学习其他形式的能以及分析能量转化，为高中进一步学习能量守恒定律奠定基础。

本单元包含两部分，一是机械功和功率，二是机械能及其转化。单元内容结构如图4-24所示。

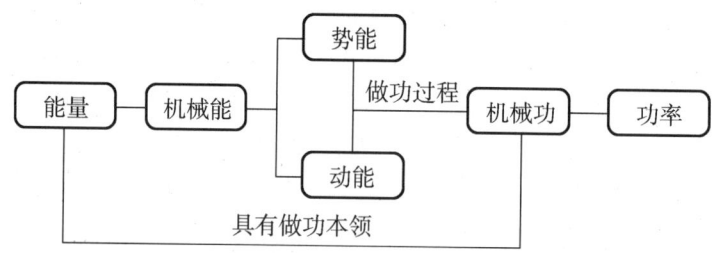

图4-24 "机械功 机械能"单元主要内容结构

学习本单元内容后，学生应能初步分析物体运动过程中简单的能量转化问题。因此，结合学生最常见的篮球运动作为本单元的学习主题，用"分析篮球运动过程中的能量转化"这一核心任务引领本单元学习。

2. 单元学习价值分析

(1) 单元内容与核心素养(见表4-9)

(2) 单元学习价值

本单元以操场打篮球情境中的篮球为研究对象，分析篮球具有能量的变化。这是初中阶段首次从能量角度分析物体，为后续单元能量分析做准备。通过类比速度概念的形成过程，理解功率，体会比值定义法；通过探究重力势能、动能的影响因素，经历基于证据猜想、方案设计、现象分析和结论归纳等探究过程，初步形成问题、证据、解释等科学探究能力；通过分析真实情境中简单的能量问题，初步形成浅层次的能量观念，体会从能量角度分析现象的思维模式。

表 4-9 单元内容与核心素养

单元内容	核心素养			
	物理观念	科学思维	科学探究	科学态度与责任
机械功	●	◎	○	◎
功率	●	●	◎	◎
势能	●	◎	●	◎
动能	●	◎	●	◎
机械能的转化	●	●	◎	◎

说明:"●"表示高相关,"◎"表示中相关,"○"表示低相关。

3. 学情分析

学生已经在科学课上知道能量,但对机械功的认识较少,且机械功概念本身较为抽象,学生对做功的两个必要因素理解需要一定的引导过程。八年级学生虽然具备了基本的观察、分析、归纳能力,对事物存在着浓厚的好奇心,但在探究重力势能、动能影响因素过程中需要的方案设计、分析和解释能力仍有待提升。由上述分析确定教学可能存在的难点:机械功概念的建立过程以及影响重力势能、动能因素的探究过程。

二、单元核心任务

本单元的核心任务是分析篮球运动过程中的能量转化。第一、第二课时理解机械功和功率,知道重力在篮球下落过程中做功及重力做功是有快慢的;第三、第四课时知道重力势能、弹性势能和动能的概念及其影响因素,能分析篮球运动过程中具有哪些能量,并判断能量变化情况,最后在第五课时,学习了机械能的转化后,能完整地分析某具体情境中篮球的能量转化情况,如图 4-25 所示。

三、单元教学目标

通过分析学生搬书、举重运动员、同学抬座椅等做功过程,理解机械功,理解做功的两个必要因素;理解功率;能用公式进行简单计算。通过生活实例分析,知道势能、动能及其相互转化,初步学会从能量角度分析生活中的简单问题。

经历类比运动快慢来比较做功快慢的活动,认识比值定义法建立功率概念的过程;经历分析篮球运动中的能量转化问题,初步形成科学论证能力。

通过探究影响重力势能、动能的因素,经历基于证据猜想、方案设计、现象分析和结论归纳等探究过程,初步形成问题、证据、解释等科学探究能力。

通过观察生活中有关动能、势能的实例,认识动能、势能带来的利弊,感受生活与物理之间的联系。通过探究影响重力势能、动能的因素等学生活动,体验团队合作的重要性,体会严谨认真、尊重事实的科学态度。

四、单元教学结构创建

1. 单元教学结构列表(见表 4-10)

根据同学投篮过程,画出篮球的运动轨迹,并分析篮球在此过程中的能量转化情况

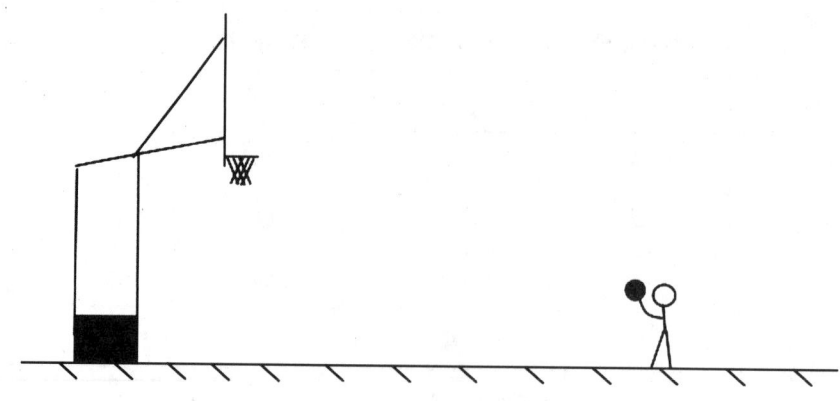

图 4-25　篮球运动模拟

表 4-10　单元教学结构

核心任务	核心任务分解	教学内容	课时安排
分析篮球的能量转化情况	描述篮球运动过程中,各力的做功情况	机械功	1
	计算原地拍球过程中,人对球做功功率	功率	1
	分析运球投篮过程中,篮球势能变化情况	势能	1
	分析投篮过程中,篮球动能变化情况	动能	1
	篮球在运动过程中的能量转化情况	机械能的转化	1

2. 单元重点活动举例

【重点活动】分析篮球运动过程中的能量转化情况

【活动资源】教材、重力势能转化小车、橡皮筋小车、铁皮青蛙、单摆、按动笔、学习活动卡等。

【活动系列】见表 4-11。

表 4-11　单元活动

对应课时	活动内容	活动说明
第一课时	**实例分析**:借助打篮球情境,分析说明手对篮球,篮球自身重力做功情况 **计算巩固**:学生原地运球,手带球从离地 1 米位置竖直向下运动,手对球施加竖直向下大小为 5 牛的恒力,球在离地 0.8 米时脱离了手并继续下落触地。求在整个过程中手对球做的功	学生经历机械功概念形成过程,借助情境分析巩固概念 学生经历建构机械功公式模型后,用赋予数值的真实情境,巩固知识习得,检测学生对机械功的理解程度

(续表)

对应课时	活动内容	活动说明
第二课时	**计算巩固**：学生练习原地运球，已知1分钟中运球25次，求该学生原地运球的功率	学生经历功率概念形成及功率计算公式的学习后，延续上一课时做功分析的情境，巩固功率计算方法
第三课时	**实例分析**：播放一段学生运球上篮的情境，分析说明篮球在运动过程中具有的势能种类及其变化情况	学生经历势能及其影响因素的学习过程，体会基于证据分析说明势能变化的论证方法
第四课时	**观察讨论**：基于上一课时学生上篮情境，分析讨论如何研究篮球动能的变化情况	学生经历动能及其影响因素的学习过程，思考观察速度变化的不同方法，体会基于证据分析说明动能变化的论证方法
第五课时	**实例讨论分析**：播放学生投篮视频，利用本单元所学知识分析篮球运动过程中能量转化情况	这是最后一节课，通过分析投篮过程中能量转化情况，将单元知识进行巩固和总结

3. 单元活动评价示例（略）

4. 单元特色作业举例（略）

五、课堂教学设计举例

4.3.3 机械能的转化

1. 教学任务分析

本节课是第四章"机械和功"第四节"机械能"的第三课时，主要内容包括机械能和机械能的转化。本节内容是机械功、势能和动能知识的延续，是学生学习电能、内能的基础，为进一步学习能量变化与守恒作铺垫。

学生已经理解机械功、能量等概念，知道势能、动能及其影响因素，对机械能转化的现象有一定感性认识，如拉弓射箭、重锤打桩、水车运转、飞车冲撞、撑杆跳、拍球等，但还不能从能量角度深入思考。

本节课设计首先承接前四课时篮球运动情境，通过"下落过程篮球的动能哪里来的？"激发学生的思维，引导探究现象背后的本质，随后通过"玩一玩"活动，去发现身边物体又存在哪些能量转化的例子，强化能量转化的论证能力，最后讨论分析打篮球运动中，篮球的能量转化情况，检测本课目标的达成度并进行单元总结。

本节课的学习，强调学生的主动参与，在体验、讨论、交流的过程中知道机械能转化，感悟合作学习的重要性，逐步养成严谨认真、实事求是的科学态度，激发勤于观察、善于思考、学以致用的意识和能力。

2. 教学目标

（1）通过回顾并分析自由下落的篮球和拉弓射箭情境中能量的来源问题，了解动能和势能的相互转化。

（2）通过体验发条玩具、橡皮筋小车、单摆等器材，经历描述物体的能量转化情况的过程,认识用科学语言描述物理现象和规律的方法,发展综合分析问题的能力。

(3) 通过观看能量转化的相关视频,了解节约能源与可持续发展的重要性,能举例说明机械能和其他形式能量的相互转化,认识能量转化的普遍规律,初步形成能量观念。

3. 教学重点和难点

(1) 重点:势能和动能的相互转化。

(2) 难点:学会分析真实情境中的能量转化问题。

4. 教学资源

(1) 学生实验器材(每六人一套):发条玩具、重力势能转化小车、橡皮筋小车、按动笔、单摆、学习活动卡等。

(2) 自制多媒体课件;"一教一学"互动课堂;频闪软件。

5. 教学设计思路

本节课的教学内容主要围绕势能和动能的相互转化展开。

本设计的基本思路为:回顾自由下落的篮球和拉弓射箭两个情境,通过"下落过程篮球的动能是从哪里来的"等问题激发学生思维,引导探究现象背后的本质,从而展开对动能和势能相互转化的研究分析。随后通过体验发条玩具、橡皮筋小车、单摆等器材,让学生在玩的同时思考并尝试描述物体的能量转化情况,强化能量转化的论证能力。接着讨论分析投篮过程中篮球的能量转化情况,认识机械能。最后通过观看视频了解机械能和其他形式能的转化,初步形成能量观念。

本设计要突出的重点为势能和动能的相互转化。方法:回顾前两课时篮球和拉弓射箭情境中,思考物体动能来源,发现势能和动能可以相互转化,随后通过小组合作"玩一玩"身边的玩具,分析并论证玩具中的势能和动能的转化现象,最后通过分析篮球的能量转化情况,加深理解势能和动能的相互转化。

本设计要突破的难点为学会分析真实情境中的能量转化问题。方法:首先教师利用篮球和拉弓射箭两个情境,带着学生基于证据分析能量变化情况,发现动能和势能间可相互转化,接着借助"玩一玩"活动,以小组交流形式分析玩具在运行时的能量转化问题,最后利用本单元知识完整地分析学生投篮情境中篮球的能量转化情况,从而学会分析真实情境中的能量转化问题。

完成本设计需要1课时。

6. 教学流程

(1) 教学流程图(见图4-26)

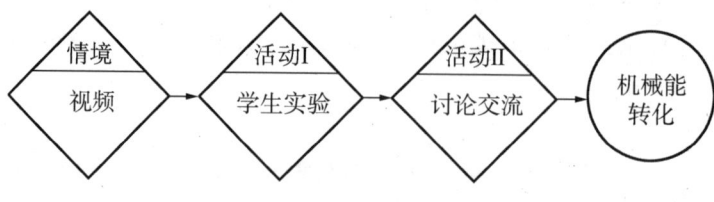

图4-26 教学流程图

(2) 教学流程图说明

① 情境：视频引入

通过回顾自由下落的篮球和拉弓射箭两个情境，引发学生对动能和势能间可以相互转化的思考。

② 活动Ⅰ：学生实验

小组体验发条玩具、橡皮筋小车、单摆等器材，交流玩具中的能量转化情况问题。

③ 活动Ⅱ：讨论交流

小组讨论分析投篮过程中篮球的能量转化情况。

案例3："力"单元教学设计展示活动

"力"单元教学设计

一、单元教学任务分析

1. 单元内容分析

本单元教学内容选自沪教版初中物理教材八年级第一学期第三章"运动和力"中的力学部分，主要内容有力的概念、重力和力的合成等。本单元是在科学课程中力学知识的基础上，进一步深入研究力学相关规律。本单元内容也为后续学习二力平衡、牛顿第一定律、简单机械、压力、压强和浮力等知识作铺垫，理解本单元对后续的学习起着重要作用。力是本单元的核心概念之一，也是理解运动与力之间关系的必备知识。单元内容结构如图4-27所示。

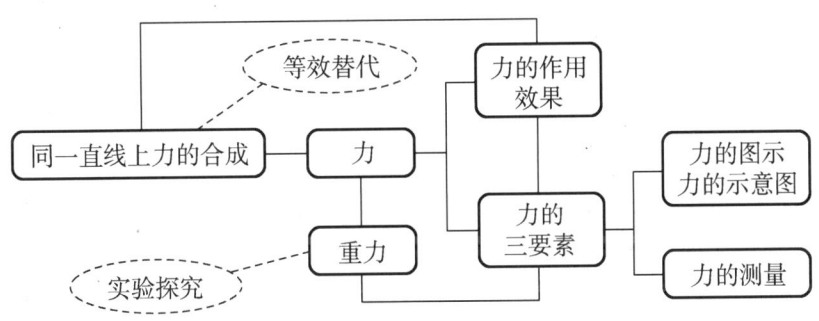

图4-27 "力"单元主要内容结构

弹簧测力计是实验室测量力的工具，学生在小学科学中就学过如何使用弹簧测力计。但是对于它的工作原理和应用，学生都还比较模糊。本单元的学习将基于"力"这一核心概念，依托真实情境，设计"制作简易弹簧测力计"。本单元学生从探究力的作用效果开始初步感受弹簧测力计的工作原理，到实验室中认识弹簧测力计，再到自制弹簧测力计并进行应用，由浅入深符合学生的认知规律，从而逐渐提升学生对力的理性认识。

2. 单元学习价值分析

(1) 单元内容与核心素养(见表4-12)

表 4-12　单元内容与核心素养

单元内容	核心素养			
	物理观念	科学思维	科学探究	科学态度与责任
力、力的作用效果	●	●	◎	○
力的测量、力的作图	○	●	◎	○
重力	○	◎	●	◎
力的合成	◎	●		

说明:"●"表示高相关,"◎"表示中相关,"○"表示低相关。

(2) 单元学习价值

本单元通过观察生活中力的现象并归纳力的概念,借助弹簧探究影响力的作用效果的因素,经历问题、证据、解释和交流的过程,初步认识科学探究方法。通过学习力的作图感受用图形表示物理量的建模思想。在探究重力与质量关系的实验中,体会科学探究的方法和图像法的应用。通过合力、分力概念的建立,感受等效替代的科学方法,建立合力概念。

3. 学情分析

力现象在生活中十分常见,学生在七年级科学课程中已有学习,已经对力有了初步的感性认识,但不够系统。学生很难用科学的方法描述力,不知道如何表示力。通过以往的物理学习,学生虽已具备一定的实验探究能力,但对定量探究类实验仍比较陌生,如探究重力与质量的关系、同一直线上两个力的合成等需要基于数据或结合图像进行分析得到结论的实验,对学生来说仍是挑战。由上述分析确定教学可能存在的难点:① 重力与质量关系的探究过程;② 同一直线上两个力的合成的探究过程、等效替代法的理解。

二、单元核心任务

本单元的核心任务是制作简易的弹簧测力计,如图 4-28 所示。第一课时以弹簧为载体,认识力的作用效果、理解力的三要素;第二课时了解弹簧测力计的工作原理,学会使用弹簧测力计测力;第三课时通过探究重力与质量的关系,学会对自制弹簧测力计进行定标;第四课时选用自制弹簧测力计探究同一直线上二力的合成。

设计主线:

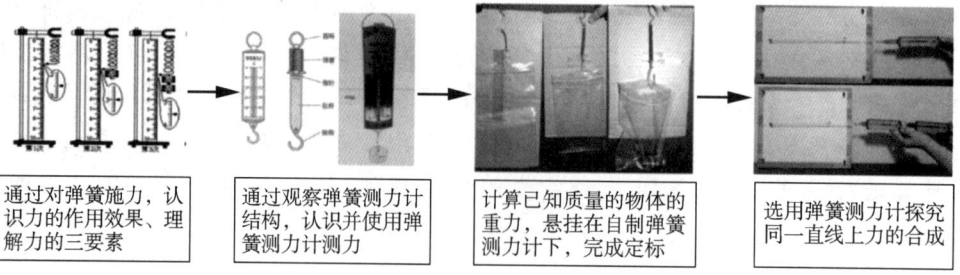

图 4-28　了解弹簧测力计及核心任务探究

三、单元教学目标

通过观察生活中力的现象以及研究弹簧形变的过程,了解力的概念、认识力的作用效果,了解重力、合力的概念,初步形成相互作用观念,并能用这些知识解释和解决简单的与力学相关的问题。

经历与力学相关概念的形成过程,体会归纳的科学方法。通过学习用力的图示法来表示力的三要素,感受用图形建模来表示物理量的科学思想。在探究力的作用效果与哪些因素有关的实验过程中,学会用控制变量法的科学研究方法来设计实验方案;通过同一直线力的合成的实验,感受等效替代的科学方法。

通过探究力的作用效果与力的三要素之间的关系,探究重力与质量关系等过程,能基于观察和生活经验,做出有依据的猜想与假设,并在教师引导下设计实验方案;能正确使用DIS实验器材获取实验现象和数据,并对现象和数据进行分析,归纳结论。经历同一直线上二力合成的实验,体会合力概念的建立过程,提升科学探究的意识。

通过牛顿提出"引力"概念的故事,养成善于观察、勤于思考、敢于探究的习惯。通过对弹簧测力计进行定标,意识到人类对工具不断改进是为了适应自身不断增加的需求,需求是影响科学技术发展的关键因素。

四、单元教学结构创建

1. 单元教学结构列表(见表4-13)

表4-13 单元教学结构

核心任务	核心任务分解	教学内容	课时安排
制作简易弹簧测力计	初步感受弹簧测力计的工作原理	力的作用效果、力的三要素	1
	认识并使用弹簧测力计	力的图示、力的示意图、力的测量	1
	制作弹簧测力计	重力	1
	自制弹簧测力计的应用	力的合成	1

2. 单元重点活动举例

【重点活动】制作简易的弹簧测力计。

【活动资源】教材、课堂学习单、力相关视频、弹簧、弹簧测力计、钩码、不同材质的物体、刻度尺、橡皮绳、多媒体课件等。

【活动系列】见表4-14。

表4-14 单元活动

对应课时	活动内容	活动说明
第一课时	实验探究:学生通过对弹簧施力,经历问题、证据、解释和交流等过程,探究力的作用效果与哪些因素有关	学生在经历探究弹簧的形变与力的大小有关的过程中,通过设计表格记录弹簧的长度和所挂钩码的个数,初步感受弹簧测力计的工作原理

(续表)

对应课时	活动内容	活动说明
第二课时	观察讨论：通过进一步处理前课中的实验数据，发现弹簧伸长量与所受拉力之间的关系，从而进一步认识弹簧测力计的工作原理。通过练习学会使用弹簧测力计来测量	利用上节课的数据分析弹簧测力计的原理。在学习弹簧测力计的使用后，测量不同个数的钩码对测力计的拉力大小，完善第一课时中的表格，为下节课做准备
第三课时	实验探究：利用身边已知质量的物体结合重力大小与质量之间的关系，对自制弹簧测力计进行定标	利用已知质量的物体对弹簧测力计定标，自制弹簧测力计，提高测力计的精度
第四课时	实验探究：选用自制或者实验室的弹簧测力计探究同一直线上合力和分力之间的关系	通过对比两种弹簧测力计的使用过程，对自制弹簧测力计进行评价

3. 单元活动评价示例

在为自制弹簧测力计定标的活动中，通过合作、交流、归纳等环节评价学生是否有主动参与科学探究和合作交流的意识(见表 4-15)。在评选优秀作品的活动中，通过评价引导学生对比自制弹簧测力计的量程、最小分度值、误差等问题，从而感受到科学工具需要不断改进，持续完善。

表 4-15 单元活动评价

评价内容	评价要求	得分
造型设计	外形美观，部件完整，方便使用	1分
分度均匀	相邻刻度线等距划分	1分
定标准确	能准确给测力计标示数	1分
量程制定	满足实际测量需求	1分
个性化设计	设计具有创新性	1分

4. 单元特色作业举例(略)

五、课堂教学设计举例

3.4 重力

1. 教学任务分析

本节课是八年级物理第三章第四节"重力"中的第一课时。"重力"是初中物理第一个具体的力，也是受力分析时首先要考虑的力。本节课引导学生从力的三要素去分析研究重力，为后续摩擦力，压力和浮力的学习作铺垫。本节课中关注学生探究实验中的数据分析及图像法应用能力的培养，为后续物理探究打好基础。

八年级学生刚开始接触物理，对重力的存在具备一定感性认识。学生在学习本节内容前,已经具备对质量、力的概念、力的作用效果、力的三要素及力的图示等相关知识的认知,学会了测量力的方法以及用力的图示和示意图来表示力,并用所学知识自制了一个没有定标的弹簧测力计。学生也已经具有了描点作图(曾作过 s-t 图像)以及分析表格中的数据和图像归纳实验结论的能力。

本节课要求学生在教师的引导、启发下,进行有依据的猜想、设计实验并发现物理规律。通过视频、演示实验、学生探究实验等多种教学手段,激发学习兴趣,感受研究重力的实验方法。通过重垂线的实际应用,提高学生应用知识解决问题的能力,养成良好的学习习惯。

2. 教学目标

(1) 通过分析壁画掉落的现象,知道重力;经历将壁画挂正的方案设计,知道重力的方向总是竖直向下,知道利用重垂线可以检验一个物体是否水平或竖直,能用重力方向相关知识解释生活中的相关现象。通过分析"平衡鹰"的平衡点,知道重心是一个物体所受重力的等效作用点。

(2) 经历"探究重力大小与质量的关系"的实验,能在教师和教学数字化平台的引导下设计实验方案,正确使用 DIS 实验器材获取实验数据,并对数据进行分析,归纳重力与质量的关系,感受"问题""证据""解释"的科学探究方法,体会物理学习如同研究一样,是建立在观察和实验基础上的创造性工作。

(3) 经历自制弹簧测力计的定标过程,能用所学重力的相关知识解决简单的物理问题,体会知识的价值,逐步养成学以致用的学习习惯。

3. 教学重点和难点

(1) 重点:探究物体所受重力大小与质量的关系。

(2) 难点:为自制弹簧测力计定标。

4. 教学资源

(1) 学生实验器材:铁架台、不同种类的待测物体、电子天平、力传感器、自制弹簧测力计、钩码、刻度尺、平衡鹰、学生用平板电脑。

(2) 教师实验器材:挂画、埃菲尔铁塔模型和平衡鹰、重力方向演示仪、重垂线、教师用平板电脑。

(3) 上海市中小学数字教学系统("三个助手"平台)。

5. 教学设计思路

本节课的教学内容主要包括重力的概念、重力方向和作用点,以及探究重力大小与质量的定量关系。

本节课的主要思路为通过分析壁画掉落的现象,知道重力。然后通过设计挂正壁画方案和观察重力方向演示仪,知道重力的方向始终竖直向下,知道重垂线检验物体水平或竖直的原理。通过观察平衡鹰停在铁塔模型上的现象,认识重心以及寻找重心的方法。接着,猜想物体重力大小的影响因素,进行探究物体重力与质量关系的实验,利用力传感器和"三个助手"平台收集数据并绘制成图像。通过分析小组各自的图像,得出物体重力与质量成正比,之后进一步对比和分析组间图像,得到在地球上重力与质量的比值始终为 9.8 N/kg,这个值也就是 g 值。最后学生选取合适的钩码,利用 $G=mg$ 算出钩码的重力,再给自制的弹簧测力计定标。

本节课的重点为探究物体所受重力大小与质量的关系。方法是:在探究实验中引入数字化教学平台,利用力传感器实现对重力的精确测量和记录,并直接生成 $G-m$ 图像,简化作图过程,突出对图像的分析过程。本节课还将进行分组实验,每个小组准备不同材质的物体,最后通过对所有小组的图像拟合分析,得出在地球上同一位置,无论是哪种材质组成的物体,它的重力与质量的比值都相同,进而引出 g 值。

本节课的难点为利用 $G=mg$ 为自制弹簧测力计定标。方法是:在定标之前以提问的方式让各个小组充分交流,确定定标方法。在定标之后,通过对自制测力计的展示和评比活动,激发学生的定标热情,从而突破本节课的难点。

本节课前期围绕埃菲尔铁塔壁画,通过任务驱动的方式让学生逐步认识重力的三要素,将物理知识与生活相联系,让学生认识到生活中处处有物理。利用"三个助手"平台,简化 $G-m$ 图像的作图流程,将教学重心放在对图像的分析上。

6. 教学流程

(1) 教学流程图(见图4-29)

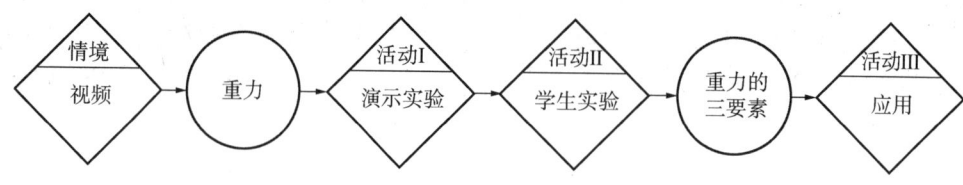

图4-29 教学流程图

(2) 教学流程图说明

① 情境:视频引入

播放壁画掉落的视频,思考壁画下落的原因,从而引出重力的概念和重力的施力物体是地球。

② 活动Ⅰ:演示实验

通过多次测量重力和水平面角度的关系,得出重力的方向始终竖直向下。

③ 活动Ⅱ:学生实验

探究重力的大小与质量的关系,学生利用传感器采集不同质量的物体所受的重力并在平板电脑中记录数据,生成 $G-m$ 图像。通过对图像的分析,得出在地球上,物体所受重力大小与质量成正比,并引出 g 值。

④ 活动Ⅲ:应用

学生利用重力公式 $G=mg$,计算出已知质量物体的重力,并通过多次悬挂,并标刻度线的方式对弹簧测力计进行定标。

案例4:"欧姆定律"单元教学设计展示活动

"欧姆定律"单元教学设计

一、单元教学任务分析

1. 单元内容分析

本单元教学内容选自沪教版初中物理教材九年级第一学期第七章"电路",共涉及"7.1

电流 电压""7.2 欧姆定律 电阻"两节内容。本单元是学生认识电学的开始,主要围绕三个描述电路的物理量——电流、电压和电阻展开,是学习串联电路特点、并联电路特点的准备知识,更是进一步学习电磁学知识的重要基础,理解本单元对后面的学习起着重要作用。

本单元包含三个部分,一是电学中电流、电压、电阻三个基本物理量;二是电学基本物理量间的关系,即欧姆定律;三是滑动变阻器及其应用。欧姆定律是本单元的核心规律。单元内容结构如图4-30所示。

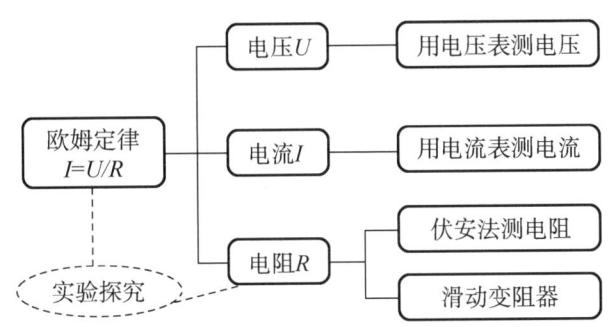

图4-30 "欧姆定律"单元主要内容结构

学习本单元内容后,学生应能简要分析简单电路中各物理量的变化关系,并了解改变电路中电流大小的方法。本单元结合学生身边最直观常见的调光灯作为本单元的学习主题,用"制作一盏简易调光灯"这一核心任务来引领本单元的学习。

2. 单元学习价值分析

(1)单元内容与核心素养(见表4-16)

表4-16 单元内容与核心素养

单元内容	核心素养			
	物理观念	科学思维	科学探究	科学态度与责任
电流	●	◎	○	◎
电压	◎	●	○	◎
欧姆定律	●	●	●	◎
电阻	◎	●	●	○
滑动变阻器	◎	●	◎	○

说明:"●"表示高相关,"◎"表示中相关,"○"表示低相关。

(2)单元学习价值

本单元通过类比法建立电流和电压的概念,通过探究导体电流与电压的关系、探究影响电阻的因素等实验,感受"问题""证据""解释"的科学探究方法,感受图像法处理数据的便捷,并归纳得出欧姆定律,体会运用类比法、控制变量法和转换法等科学方法,并能用欧姆定律解释和解决简单的物理问题;通过探究滑动变阻器使用方法的实验,能正确连接滑动变阻器,改变电路中的电流并论证其原理。

3. 学情分析

生活中离不开电,学生在科学课中已经初步学习了电的相关知识,但由于电学知识比较抽象,所以学生对电学中的基本物理量及基本规律并没有建立起系统的认识,缺乏深入的理性思考。九年级学生在七年级科学课的学习中,已经知道电流、电压、串联、并联等概念,已具备连接简单电路元件的技能,在数学上也已经掌握了正比例函数等知识,这些都为本单元的学习打下基础。通过一年多的物理学习,学生已具备了一定的实验探究、归纳分析、图像处理和逻辑推理能力,但对电路连接的熟练度以及用转换思想设计探究方案和获取证据的能力有待提升。

由上述分析确定本单元学习可能存在的难点:"探究导体中电流与电压的关系"的实验方案设计与数据分析;电阻概念的形成过程;用转换的科学方法探究影响电阻大小的因素。

二、单元核心任务

本单元的核心任务是制作一盏简易调光灯。第一课时为理解电流,知道灯发光是因为有电流通过,自制简易小灯,学会用电流表测电流;第二课时为理解电压,知道电压是产生电流的原因,学会用电压表测自制小灯两端的电压;第三课时为基于第二课时所测小灯电流和电压的数据进行猜想,通过实验探究导体中电流与电压的关系,理解欧姆定律并建立电阻的概念;第四课时为探究影响电阻大小的因素,理解电阻是导体本身的性质,明确电阻会影响电流,为第五课时提供理论依据;第五课时为根据电阻与长度的定性关系明确滑动变阻器的工作原理,在小灯上加装电位器,完成简易调光灯的制作。

三、单元教学目标

通过分析灯为什么会发光和如何让灯持续发光的过程,建立电流、电压等物理概念,在探究电流与电压关系和如何改变电路中的电流的过程中,建立电阻、欧姆定律等物理概念,并能用欧姆定律解释和解决简单的电学问题。

经历电压概念的建立和电压表的使用方法的学习过程,感受类比法在研究物理问题中的重要性。经历探究电流与电压、电阻关系的过程,体会控制变量法的重要性。经历探究影响电阻大小因素的过程,体会用转换法来研究物理问题的科学方法。经历从实验数据到归纳出欧姆定律的过程,体会用数学图像处理物理问题的方法。

通过探究导体中电流与电压关系、探究电阻大小与哪些因素有关的实验,能基于证据进行归纳、总结、解释及交流,感受"问题""证据""解释"的科学探究方法。

通过对电表的使用进行规范操作,体会严谨求实的态度。通过了解家庭电路,有安全用电和节约用电的意识,体会可持续发展的重要性。通过了解欧姆的事迹,感受科学家研究问题的方法和严谨认真的科学态度。通过探究导体中电流与电压的关系、影响电阻大小因素的实验,体会与人合作、实事求是的科学态度。

四、单元教学结构创建

1. 单元教学结构列表(见表4-17)

表 4-17 单元教学结构

核心任务	核心任务分解	教学内容	课时安排
制作一盏简易调光灯	灯为什么会发光	电流	1
	灯为什么能持续发光	电压	1
	电流与电压之间有什么关系	欧姆定律	1
	影响电阻的因素	电阻	1
	如何改变电路中的电流	滑动变阻器	1

2. 单元重点活动举例

【重点活动】制作一盏简易调光灯。

【活动资源】课堂学习单、学生电源、导线若干、开关、小灯泡、电流表、电压表、铅笔芯若干、金属丝若干、滑动变阻器、自制小台灯材料、电位器等。

【活动系列】见表 4-18。

表 4-18 单元活动

对应课时	活动内容	活动说明
第一课时	分析交流：观看走入校门的视频，分析人的定向移动所形成的人流 学生实验：认识电流表，学会正确使用电流表，并测出通过小灯的电流 学生活动：以小组为单位组装自制小灯并测量小灯电流	通过类比，建立电流的概念。学会正确使用电流表
第二课时	分析交流：观察和分析自制连通器内如何产生持续的水流 学生实验：自主阅读电压表使用说明书，学会正确使用电压表，并测出小灯两端的电压和通过它的电流	通过类比，建立电压的概念。通过对比电压表和电流表使用方法的异同点和实际操作巩固实验技能
第三课时	学生实验：基于上节课所测实验数据，引发猜想并设计方案，进行实验，记录数据、借助电脑软件绘制出 U-I 图像，分析处理，归纳得出欧姆定律	经历完整的科学探究过程，感受科学探究的严谨和重要性。通过 U-I 图像的分析及处理，感悟数学方法的重要作用，体会学科间的联系
第四课时	学生实验：利用上节课所测实验数据进行猜想，针对猜想采用控制变量的科学方法进行设计并实验 课后思考：如何改变电路中电流，使小灯亮度可调	通过计算电阻的过程进一步提升数据分析处理能力，加深对电阻的理解。通过影响电阻因素的探究，感悟控制变量法及转换法的重要性

(续表)

对应课时	活动内容	活动说明
第五课时	学生实验：利用滑动变阻器改变电路中的电流，归纳滑动变阻器的正确使用 学生活动：以小组为单位在原有小台灯上加装一个电位器实现调光功能	通过观察滑动变阻器的滑片移动时电路中电阻长度和电流的变化情况，认识运用实验探索物理规律的科学方法

3. 单元活动评价示例

在制作调光灯的实验活动中，不仅需要关注学生连接电路时的规范操作，能否正确选择电位器的接线柱实现调光的功能，还要关注学生合作交流的品质和对调光灯的整体设计的美观度和创意度。本活动采用学生自评方式，引导学生按照评价要求开展实验活动，用评价来促进实验活动的开展。实验评价单如表 4-19 所示。

表 4-19 实验评价单

评价内容	评价要求	得分
规范性	连接电路时开关断开	1分
	电位器接线柱选择正确	1分
功能性	能实现调光功能	1分
创意性	材料选取及外形美观度	1分
合作性	分工明确，有合作意识	1分

4. 单元特色作业举例（略）

五、课堂教学设计举例

7.1.2 电压

1. 教学任务分析

本节课是第七章"电路"第一节"电流电压"的第二课时，主要内容包括电压概念和电压表的使用等。电压是初中电学的基本概念之一，正确使用电压表是学生必须具备的基本实验技能。本单元的核心概念为欧姆定律，学习欧姆定律时需要学生掌握正确使用电压表、电流表，因此本课学习是后续学习欧姆定律的重要基础。

在七年级科学课中，学生已经初步学习了简单电路的相关知识，但并没有对电流、电压概念进行较为深入的学习。通过前一课时对电流的学习，学生已经知道金属导体中有大量脱离原子核束缚、可以在原子核外自由移动的带负电的自由电子，也知道在电解液中有大量可以自由移动的正、负离子，为本节课电压概念的学习作铺垫。同时，前一课时电流概念和电流表使用的学习，为本节课学习电压表的使用奠定了基础。

本节课的学习,强调学生的主动参与,在实验、讨论、交流的过程中建构物理观念,感受类比、归纳等认知事物的科学思维方法,感悟合作学习的重要性,逐步养成严谨认真、实事求是的科学态度,激发勤于观察、善于思考、敢于质疑、学以致用、勇于实践的科学探究意识和能力。

2. 教学目标

(1) 通过观察"水流形成"和"电流形成"演示器,知道电压是形成电流的原因,了解电压单位和生活中常见的电压值,激发学习兴趣,感受类比的思想方法。

(2) 通过"制作伏打电堆"的活动,知道电源是提供电压的装置,体会同伴互助的力量,感受科学探究的曲折与乐趣,逐步养成勇于探索的科学精神。

(3) 通过观察电压表,了解电压表外部构造;通过将"电流表的使用方法"知识迁移到"电压表的使用方法",并阅读电压表的使用说明书,认识电压表,了解电压表的使用方法;通过"用电压表测电压"的活动,体会合作学习的重要性,逐步养成严谨认真、实事求是的科学态度。

3. 教学重点和难点

(1) 重点:电压表的使用。

(2) 难点:电压的初步概念。

4. 教学资源

(1) 学生实验器材:锌片、铜片、吸水纸、饱和食盐水、电压表、电流表、电池组、开关、小灯泡、灯架、学习活动卡等。

(2) 演示实验器材:电解液、铜片、锌片、灯架、自制"水流形成"和"电流形成"演示器、简单电路板等。

5. 教学设计思路

本节课的主要内容分为两个部分:① 电压的概念;② 电压表的使用。

本节课的基本思路为:首先通过"制作伏打电堆"的活动引出新课;接着通过"水压形成水流"与"电压形成电流"的演示实验类比,构建电压的初步概念;然后通过"制作伏打电堆"激发学习兴趣;最后以"测量伏打电堆的电压"为任务驱动,借鉴学习电流表使用特点的经验,经历小组合作、自主学习电压表说明书的过程,学会正确使用电压表测量电压,并测出伏打电堆的电压及小灯两端的电压。

本节课要突出的重点为电压表的使用。所用到的方法有:① 任务驱动,激发兴趣。以"测定自制伏打电堆的电压"为任务驱动,激发学生学习电压表的兴趣,并在最终测定其电压,练习电压表的读数能力,进一步理解"电压表能接在电源两端"。② 阅读文本,自主学习。让学生结合学习电流表的经验,带着问题阅读书本,自主学习电压表的使用方法。③ 合作实验,实践应用。学生合作完成用电压表测"伏打电堆"的电压、测量小灯两端的电压,反复操练学会正确使用电压表。

本节课要突破的难点为理解电压的概念。所使用的方法是创新教具,助力理解:利用自制"水流形成"和"电流形成"演示器,将"电压"与"水压"进行类比,将电源提供电压促使电子定向移动形成电流的微观过程变得可视化、形象化,帮助学生理解电压的概念。

本节课的教学设计以物理课程核心素养为指引,努力体现以下几个特色:一是注重科学态度的培育。以翻转课堂的形式介绍电源发展的历史、经历还原"伏打电堆"的活动过程,激发学习兴趣,体验科学家研究与发现的成就,树立勇于探索的科学精神,养成严谨认真、实事求是的科学态度。二是注重学生自学能力的培养。对"电流表使用方法"的学习经历进行知识迁移,通过阅读书本比较、归纳电压表的使用方法,并在课后制作电压表使用说明书,培养学生自主阅读、类比思考和表达交流的学习习惯。三是注重单元教学的思考。单元教学被视为是发展学生核心素养并实现课堂教学转型的有效教学形式,通过深度思考整个单元内容与要求的结构逻辑。本节课以"伏打电堆的制作及电压测量"为核心任务,承上启下:在学习电压表使用时借鉴了电流表学习的经验;从"用电流表测小灯电流"的电路图演变到学生活动"用电流表、电压表测电路中的电流与电压"的电路图,进而为下节课"探究电流与电压的关系"埋下伏笔。此外,所测得的数据将与下节课"探究电流与电压的关系"的数据相对比,为后续知识"电阻的影响因素"做好铺垫。本节课中的学生活动力图通过丰富多样的实践性学习经历,更好地培养学生核心素养。

6. 教学流程

(1) 教学流程图(见图4-31)

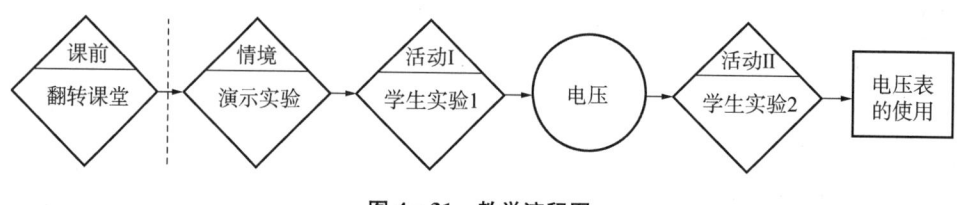

图4-31 教学流程图

(2) 教学流程图说明

① 课前:翻转课堂

学生观看翻转课堂"电池的产生",利用所给器材在家制作伏打电堆。

② 情境:演示实验

借助自制"水流形成"和"电流形成"演示器,类比水压形成电压的初步概念。

③ 活动Ⅰ:学生实验1

制作伏打电堆使小灯发光,知道是伏特制成了世界上第一款电池,电压的单位为伏特。

④ 活动Ⅱ:学生实验2

阅读教材,对比电流表使用说明,总结电压表的使用方法;使用电压表测量伏打电堆的电压、电路中小灯两端的电压。

7. 板书设计

§7.1.2 电流 电压(2)

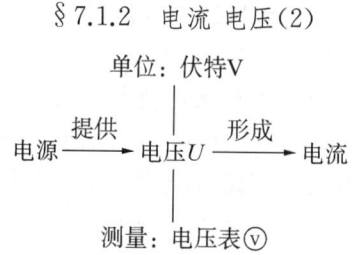

7.2.1 欧姆定律 电阻

1. 教学任务分析

本节课内容是沪教版初中物理教材九年级第一学期第七章第二节"欧姆定律电阻"的第一课时,是在学习了电流与电压的知识之后,探究导体中的电流和两端电压的关系,从而引出欧姆定律的表述与电阻的概念。欧姆定律是直流电路中最重要、最基本的规律之一,表达了前阶段所学的电学物理量——电流与电压之间的关系,并且是后续学习内容——串联电路、并联电路的特点及有关计算的依据,起着承上启下的重要作用。

本节课要求学生主动参与,通过探究导体中电流与电压的关系,经历完整的科学探究过程,体验研究物理学的过程和方法。通过对数据的处理及 $U-I$ 图像的分析、比较、讨论、交流,学会归纳物理规律和运用函数图像来研究物理问题的方法,同时感受合作学习的重要性。

本教学设计注重在引导学生探究知识的过程中,渗透科学思想,培养科学的思维方式与提升思维品质。通过复刻欧姆探究实验的全部过程,引导学生积极思考与探索,体验学习物理的乐趣并为进一步学习电学知识打下基础。

2. 教学目标

(1)通过观察和分析小灯电流与电压的变化情况,能做出有依据的猜想与假设,感受"猜想与假设"的科学探究过程。

(2)通过探究导体中电流与电压的关系,理解欧姆定律,知道电阻,体会与人合作、实事求是的科学态度;通过完整的科学探究过程,感受"问题、证据、解释和交流"这一科学探究过程,感受探究的乐趣;通过在教师引导下设计实验方案,体会控制变量法的重要性;经历从实验数据到归纳欧姆定律的过程,体会用数学图像处理物理问题的方法。

(3)通过了解欧姆的事迹,感受科学家研究问题的方法和严谨认真的科学态度。

3. 教学重点和难点

(1)重点:欧姆定律。

(2)难点:欧姆定律的形成过程。

4. 教学资源

(1)教师资源:PPT、教师平板、希沃软件等。

(2)学生资源:学生平板、干电池若干、开关、金属导体若干、铅笔芯若干、电流表、电压表、导线若干、学习活动卡等。

5. 教学设计思路

本设计的主要内容为探究导体中电流与电压的关系和电阻的概念。

本设计的基本思路为:以实验为基础,以学生分组讨论、教师引导探究为基本方法。沿用上节课测得的实验数据,引导学生深入思考,猜想通过导体的电流与电压的关系,然后让学生小组讨论设计实验电路图,运用控制变量法设计实验方案,再通过学生实验,记录实验数据、借助电脑软件绘制 $U-I$ 图像、分析数据及图像、归纳得出欧姆定律及电阻的概念。

本设计要突破的重难点为欧姆定律的形成过程。方法是:注重前后课时关联,渗透单元教学设计思想。首先,从引课部分沿用上节课测得的小灯两端电压及电流的数据来进行猜想与假设,直接进入主题,节约不必要的引入时间;其次,实验电路图的设计可类比前一课时测量小灯两端电压和通过小灯电流的实验,连接电路的熟练度也已得到增强;并且,前一课时的测量电压和电流实验要求学生测量三组数据,学生已经知道通过改变串联干电池的节数进行多次实验,省去了很多关于实验步骤的讨论时间。因此本节课留有较多的时间来分析数据及图像、归纳得出欧姆定律,并通过对比分析,发现电压与电流的比值可以反映导体对电流的阻碍作用,由此引入电阻大小的概念。

本设计强调学生的主观能动性,自主猜想与设计实验,自己动手实验并总结规律。让学生体验科学过程,感悟科学方法,形成实事求是、一丝不苟的科学态度,并且在实验过程中适当引导学生分析与归纳结论。

6. 教学流程图

(1) 教学流程图(见图 4-32)

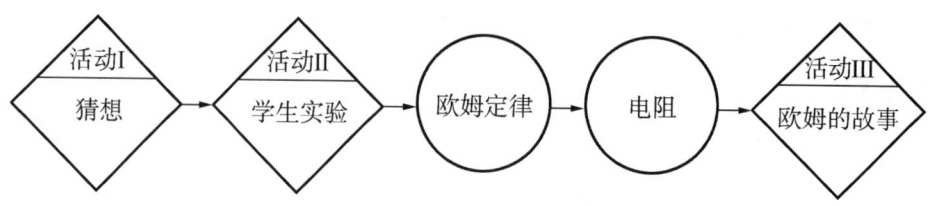

图 4-32 教学流程图

(2) 教学流程图说明

① 活动Ⅰ:猜想

根据上节课所得数据,思考通过导体的电流与电压的关系,学生进行猜想。

② 活动Ⅱ:学生实验

学生基于猜想,设计实验方案,利用自己设计的方案进行实验,记录实验数据、借助电脑软件绘制出 $U-I$ 图像,利用图像对实验数据进行分析处理,初步归纳得出欧姆定律及电阻的概念。

③ 活动Ⅲ:欧姆的故事

观看《欧姆的故事》视频,体会科学家得出定律的艰辛之处。

案例5:"透镜成像"单元教学设计展示活动

"透镜成像"单元教学设计

一、单元教学任务分析

1. 单元内容分析

本单元教学内容选自沪教版初中物理教材八年级第一学期第二章"光"中第三节"透镜成像",主要内容有透镜对光的作用,凸透镜成像的规律以及凸透镜的应用。其中透镜对光的作用是光折射规律的具体应用,而凸透镜成像的规律又与实际生活联系紧密,因此本单元内容是初中物理光学内容的一个重要知识。单元内容结构如图 4-33 所示。

眼睛是心灵的窗户,那么眼睛究竟是如何工作的?近些年,电子设备的普及和用眼习惯

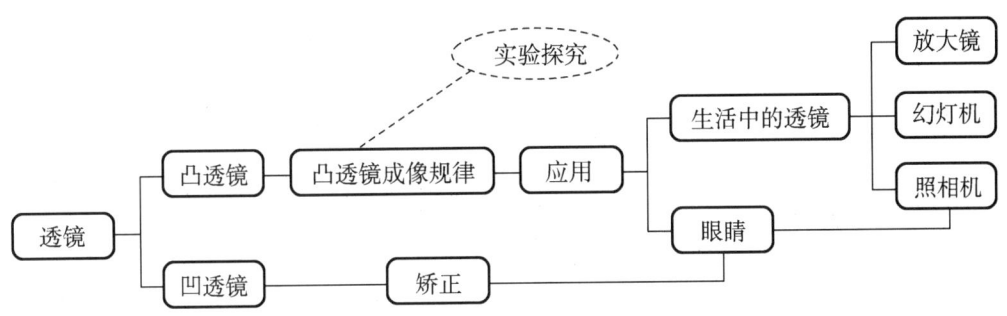

图 4-33 "透镜成像"单元主要内容结构

的问题,导致青少年中近视现象越来越多。那么,近视的原理是什么?如何矫正?本章的学习将围绕如何用透镜来看清世界,对透镜成像进行研究学习,并能够解释相关的光现象。

2. 单元学习价值分析

(1) 单元内容与核心素养(见表 4-20)

表 4-20 单元内容与核心素养

单元内容	核心素养			
	物理观念	科学思维	科学探究	科学态度与责任
透镜	●	○	◎	○
凸透镜成像	◎	◎	●	◎
透镜的应用	◎	●	◎	◎

说明:"●"表示高相关,"◎"表示中相关,"○"表示低相关。

(2) 单元学习价值

通过对生活中透镜(近视眼镜、老花眼镜、放大镜)形状的区别引出透镜分类,能基于观察与实验,了解透镜的相关概念及对光的作用;能提出与凸透镜成像相关的科学问题,并在教师指导下制订初步的实验方案,能在光具座上找到放大、缩小的实像或虚像,能正确分析实验现象和数据,并归纳得出凸透镜成像的规律,感受"问题""证据""解释"的科学探究方法;能用凸透镜成像规律解释眼睛的成像原理以及近视、远视的成因和矫正,能解释照相机、投影仪、放大镜等实物的操作原理,感受物理的学习价值。

3. 学情分析

在"光的反射"和"光的折射"的学习中,学生已经知道了光的反射现象,探究得出光的反射定律和平面镜成像的特点,知道光的折射现象,探究得出光的折射规律,具备了一定的探究能力。部分学生根据自己的生活经验知道透镜可以成像,但凸透镜成不同像时的规律对于八年级学生而言相对抽象,并且透镜应用对学生有较高的科学推理及论证要求。由上述分析确定教学可能存在的难点:① 探究凸透镜成像规律;② 透镜的应用。

二、单元核心任务

本单元的核心任务是用透镜看清世界。从透镜对光的作用入手,探究凸透镜成像的规律,之后能够运用凸透镜成像规律去理解眼睛的视物原理,以及近视和远视的成因和矫正,并能利用透镜成像的原理,制成许多光学仪器如照相机、放大镜和投影仪等。这些仪器就像特殊而神奇的"眼睛",拓展了我们肉眼的功能,让我们能更清楚地看清世界。

三、单元教学目标

通过观察生活中的透镜,了解透镜的分类,通过实验了解透镜对光的作用。通过探究活动,理解凸透镜成像规律及透镜在生活中的应用。能够用透镜成像规律解释透镜相关的现象,并解决简单的物理问题。

通过探究凸透镜成像规律以及应用的相关活动,能解释眼睛、照相机、投影仪、放大镜的成像原理,感受科学推理与论证的思想。在解释生活中透镜的应用时,能够引用证据,具有使用科学证据的意识。

能基于生活中照相机、电影放映机和放大镜能成不同像的观察,提出凸透镜成像的相关科学探究问题;能提出有依据的猜想与假设,并在教师指导下制定初步的实验方案;能正确使用相关器材获取实验现象和数据,并对现象和数据进行分析,得出凸透镜成像规律。

在探究凸透镜成像规律实验中,初步体会物理学习如同研究一样,是建立在观察和实验基础上的创造性工作。在分析、解释生活中透镜的作用中,体会学习的价值和乐趣,逐步养成善于观察、敢于提问、乐于探究、学以致用的学习习惯。

四、单元教学结构创建

1. 单元教学结构列表(见表4-21)

表4-21 单元教学结构

核心任务	核心任务分解	教学内容	课时安排
用透镜看世界	眼睛和眼镜里的透镜	凸透镜、凹透镜的定义;凸透镜、凹透镜对光的作用	1
	探究凸透镜成像规律	凸透镜成像规律	1
	眼睛是如何工作的	眼睛的视物原理、近视的原理及矫正	1
	突破眼睛的局限	透镜的应用	1

2. 单元重点活动举例

【重点活动】用透镜看清世界。

【活动资源】凸透镜、凹透镜、激光笔、小型光具盘、光具座、字母F(发光模型)、光屏、水透镜。

【活动系列】见表4-22。

表 4-22 单元活动

对应课时	活动内容	活动说明
第一课时	观察描述：观察近视眼镜、老花眼镜的形状得出透镜的定义 学生实验：利用光具盘观察透镜对光的作用	通过观察凸透镜和凹透镜的实物，知道凸透镜、凹透镜及其光心、主光轴、焦点和焦距。经历观察凹透镜和凸透镜对光的作用的实验过程，知道凹透镜和凸透镜对光的作用
第二课时	演示实验：将发光体F置于凸透镜前不同位置，使其成大小不同的像 观察讨论：根据观察到的现象和生活经验，猜想：凸透镜成不同大小的像可能与发光物到凸透镜的距离以及光屏到凸透镜的距离有关，由此引入物距、像距等概念 实验探究：利用光具座、字母F（发光模型）、凸透镜、光屏等器材分组进行实验，每次在光屏上找到最清晰的像时，将物距、像距和成像情况记录在表格中。分析数据，得出初步结论	通过"字母F（发光模型）成像"活动，知道发光体通过凸透镜可以在光屏上成倒立缩小像和倒立放大像，激发学习欲望。通过探究凸透镜成实像的规律，认识到统计和数形转化对归纳结论的意义，理解凸透镜成像的规律，感受"观察、比较、归纳、推理"等科学方法
第三课时	演示实验：利用水透镜，介绍眼睛成像原理及近、远视眼的成因 讨论交流：学生分组讨论，设计近视眼矫正方案，归纳总结矫正方法	通过对近视眼成因及矫正方法进行实验探究，得出矫正近视眼的合理方案，提高利用实验验证物理猜想，总结归纳实验结论的能力。体会科学技术与日常生活的密切联系，形成爱护眼睛的意识
第四课时	分析交流：眼睛虽神奇，但有诸多局限，引发学生思考如何依靠科学技术才能帮助我们的眼睛突破局限	讨论上节课的三个问题：① 看过的场景记不下来怎么办？② 图片太小如何放大还原？③ 物体太小看不清怎么办？学生讨论解决方案，了解照相机、投影仪和放大镜的工作原理

3. 单元活动评价示例

(1) 在"寻找实像"的过程中，就学生是否准确地找到像的位置、能否正确记录物距和像距进行评价。

(2) 在探究凸透镜成像规律的实验过程中，就学生对物距分别为 f、$2f$ 的位置的认识过程进行评价，学生能否从多次实验现象中，推理并验证放大的像和缩小像的分界点（即物距为 $2f$ 的点），以及虚像和实像的分界点（即物距为 f 的点）。

4. 单元特色作业举例（略）

五、课堂教学设计举例

2.3.3 眼睛与眼镜

1. 教学任务分析

本节课是沪教版八年级物理教材第二章"光"单元第三节"透镜成像"的第三课时。本课时是凸透镜成像规律的应用，它既是"第一节 认识透镜"和"第二节 探究凸透镜成像规律"知识的延伸，又是这两节知识的升华。将成像规律进行生活应用，分析生活中的透镜实例,体现课标从生活走向物理,从物理走向社会的思想。

在透镜的前两个课时中,学生已经掌握透镜的相关知识,知道人眼中也有类似透镜的结构,并掌握凸透镜成像的规律,具备一些关于近视眼矫正的生活经验,为本节课的学习打下了良好的基础。学生在认识了凸透镜的会聚作用和凹透镜的发散作用后,了解眼睛视物的原理及近视矫正方法,这是探究凸透镜成像规律后的一个与生活密切相关的内容。

整体而言,本节课的内容是对透镜成像这一章节的深度总结,在教学任务的实施过程中,更加关注让学生立足教材,观察生活,体验物理规律在生产生活中的应用,感受科学的无限魅力。

2. 教学目标

(1) 通过观察眼睛结构图和模拟眼睛成像实验,知道眼睛的结构、眼睛成像的特点。

(2) 经历研究"眼睛是如何看清远处和近处物体"的活动,能利用厚度不同的凸透镜对光会聚作用的不同和凸透镜成像规律解释现象,感受科学推理和论证的思想,形成尊重事实的科学态度。

(3) 通过对人眼视物模型及近视矫正方法的讨论与探究,知道矫正近视的合理方案,体会科学技术与日常生活的密切联系,了解眼睛保健知识,形成正确用眼和护眼意识,体现物理教学的人本观。

3. 教学重点和难点

(1) 重点:眼睛的视物原理。

(2) 难点:近视眼的成因及矫正方法的建立过程。

4. 教学资源

(1) 演示实验器材:水透镜、F光源、光屏、光具座、投屏设备等。

(2) 课件:自制课件。

5. 教学设计思路

本设计的内容包括眼睛的视物原理、近视眼成因及矫正方法两部分内容。

本设计的基本思路为:通过回顾眼睛的结构,并与凸透镜成像实验类比,学生小组实验模拟视网膜成像,确定成像特点。在原有实验基础上将光屏远离凸透镜,学生讨论提出让光屏上重新成清晰像的方案,并逐一带入人眼进行分析,以此学习健康眼睛的视物原理和近视的成因及矫正方法。

本设计要突出的重点为:眼睛的视物原理。方法是:通过学生模拟实验,运用之前所学习的凸透镜成像规律,分析并探究得出视网膜上的成像性质;将光屏远离凸透镜,学生讨论提出让光屏上重新成清晰像的方案,并在教师利用水透镜模拟晶状体改变焦距的演示实验下,解释眼睛的视物原理。

本设计要突破的难点为:近视眼的成因及矫正方法的建立过程。方法是:教师讲解近视眼的成因,演示实验探究得到近视的情况下,远处物体成像在视网膜前。学生通过讨论提出矫正方法,再经课堂演示实验验证矫正方案可行性。学生有生活经验和透镜作用的知识基础,又经历实验探究的过程,经过进一步的思维加工即可突破近视眼成因及矫正方法建立过程这个难点。

完成本设计的内容需1课时。

6. 教学流程

(1) 教学流程图(见图 4-34)

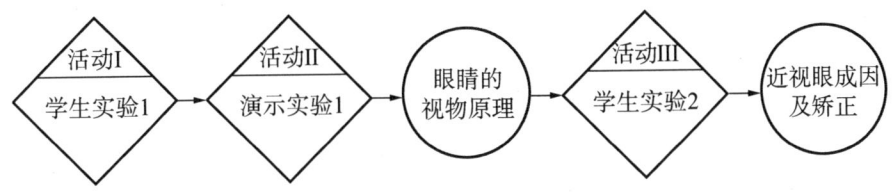

图 4-34　教学流程图

(2) 教学流程图说明

① 活动Ⅰ：学生实验1

利用凸透镜、光源、光屏、光具座模拟眼睛视物，观察视网膜上成像的特点。

② 活动Ⅱ：演示实验1

利用水透镜，模拟晶状体改变焦距，解释眼睛的视物原理。

③ 活动Ⅲ：学生实验2

学生分组讨论，提出近视眼矫正方案，使用眼镜作为凹透镜放于光源和凸透镜之间，观察光屏上成像的变化情况。

后　记

　　我是伴随着公开课教学成长起来的一名教师。参加工作后,曾任教初中物理9年,期间执教校、区、市各层级的公开课有很多次数。在公开课实施过程中,我得到了务实的锻炼和较快的提高。每一次公开课的打磨及执教经历,对我来说都是一次成长性蜕变,助我完成了一次次进取性跃迁。在接受指导与进行自我反思的过程中,我知道了在物理课堂中,一定要体现教学目标的适切性、实验教学的重要性、情境创设的生活性、教学语言的精炼性等,也知道了一定要做到"脑中有纲、胸中有本、目中有人、手中有法",才能上好每堂课。

　　2003年,我调入上海市松江区教育学院担任物理研训员,从一线教师变成了区初中物理教师团队的领头雁。我的工作从面对学生到面向教师,舞台更宽广,责任更重大。以前在学校从事物理教学的这段工作经历和学习体验,为我担任研训员后的工作开展,提供了鲜活的实践经验和指导底气。为了更好地担当起研训员这份责任与使命,我又先后参加了上海市第一期普教系统名校长名师培养工程、上海市第五期物理青年骨干教师培训班、上海市农村培训者培训班等学习,认真进修学习,努力提升专业素养和业务能力,希望自己能获得丰富学习成果并与我区初中物理教师分享。

　　在学院最初几年的研训工作是很稚嫩的,而且常常茫无头绪。所幸后来我在原上海市教育委员会教学研究室陆伯鸿、汤清修两位老师的指导和帮助下,认识到了提升研训工作效能的有效途径是项目引领,要善于将问题提炼为课题,以项目驱动的形式,带领团队开展研究、实践、推广,并将研究的成果物化为教师培训课程。我以此指导行动,工作大有改观。

　　伴随着一轮又一轮迭代式的课堂教学实践研究,我越来越重视经验积累和充实。细心的课堂观察、持续的研训工作记录和研究成果小结,是我与团队伙伴一起开展实践研究的过程、经历、片段及探索、思考所得;将那些日常积累归纳分析、整理成章,不只是为了凝聚心得体会,更是为了促进自己更快地进步成长。

　　本书可以说是对话与碰撞后的产物。书名"源与流",不仅表明本书关注物理教学研究之兴起与发展,同时表达本人对成长和成书的由衷感激之情。我从一位年轻的物理教师成长为肩负重责的研训员,这一路走来,所遇到的恩师给予我深切的指导和帮助,这是引人向上的活力之"源";身边伙伴对我的热情鼓励和期待,这是催人奋进的动力之"源";而自己对课堂的痴迷热爱包括取他人之美所获是本书之"源",工作中的点滴记录包括与同行切磋所得,也是本书之"源"。这些情感驱使我决心敲击键盘,将这些年的所思、所悟、所为与所获记录下来,让我努力从一线教研人员的视角,去阐释初中物理课堂实践所需探析的"源与流"。

　　本书所呈现的内容,其实就是这些年来自己与团队伙伴一起开展教学研究,在活动过程中的学习体会和粗浅心得。当我一遍一遍地翻阅前期所记文字的时候,令人汗颜地发现,这些文字只能称之为不成熟的随笔和杂想,实在不成体系。想要通过"流"来呈现"源",其过程非常困难。此时我深刻体会到,平时的工作记录一定要有理性思考和观点提炼的习惯,这样才能在要将记录成文时拥有信手拈来的从容。因为对前期材料一直怀着诚惶诚恐的心态，所以在撰写本书文字的过程中，有了如同在精心打磨公开课一样的感受，每一次成文后重读一遍，觉得有不如意的地方，都会郑重修改，然后再读再修改，如此往复。此文稿成书虽然未能达到完美，但我是有心追求完美并尽力而为的。

记得在我离开教学一线，初任研训员时，陆伯鸿老师曾对我说，"做一线教师，是'我，我的学生'，但成为研训员后，便是'我，我们，我们的学生'，原来你只是让你教到的学生很幸福，但现在你可以让你团队里的老师以及他们身边的学生都感受到幸福！"这番话指明了研训员的工作职责和价值，所以我写此书的目的，就是希望让我、我们的课堂发生深刻变化，最终让我们身边那些莘莘学子，都能通过课堂感受到幸福。

我一直希望借助公开课可以推动教师常态课教与学方式的转变，虽然自知能力有限，有很多观点和做法不一定成熟，但还是愿意通过文字的方式与更多的老师交流、分享，在观点的碰撞中激活彼此的思维、促进课堂教学改革深入发展。也希望本书在大家的指导和建议下，能不断趋于完善和丰满。

感谢陆伯鸿、汤清修老师的悉心指导，感谢汤清修老师为本书作序，感谢上海市虹口区教育学院贾慧青老师在本书编写过程中的全程相伴，感谢上海市松江区初中物理团队伙伴们的支持与鼓励，感谢上海科技教育出版社编辑焦婧茹为本书付梓做了大量工作。

秦欢珍

2024 年 4 月 13 日